# O STRESS ESTÁ DENTRO DE VOCÊ

# O STRESS ESTÁ DENTRO DE VOCÊ

Dra. Marilda Lipp (Org.)

*Copyright*© 1999 Marilda Emmanuel Novaes Lipp

Todos os direitos desta edição reservados à
Editora Contexto (Editora Pinsky Ltda.)

*Revisão*
Isabel Menezes
Ana Luiza França
Paula Medeiros

*Projeto de capa*
Isabel Carballo

Dados Internacionais de Catalogação na Publicação (CIP)
(Câmara Brasileira do Livro, SP, Brasil)

O stress está dentro de você/ organização
Marilda Emmanuel Novaes Lipp. 8. ed., 1ª reimpressão. –
São Paulo: Contexto, 2025.

Bibliografia.
ISBN 978-85-7244-130-8

1. Estresse I. Lipp, Marilda Emmanuel Novaes.

99-4469                         CDD-155.9042

Índices para catálogo sistemático:
1. Estresse: psicologia    155.9042

2025

Editora Contexto
Diretor editorial: *Jaime Pinsky*

Rua Dr. José Elias, 520 – Alto da Lapa
05083-030 – São Paulo – SP
PABX: (11) 3832 5838
contato@editoracontexto.com.br
www.editoracontexto.com.br

Proibida a reprodução total ou parcial.
Os infratores serão processados na forma da lei.

# SUMÁRIO

**Apresentação** ............................................................................... 7

**O que eu tenho é stress? De onde ele vem?**
*Marilda Emmanuel Novaes Lipp* ..................................................... 9

**Correr, competir, produzir e se estressar**
*Lucia Emmanuel Novaes Malagris* ................................................ 19

**Criando stress com o pensamento**
*Adriana Batista de Alcino* ............................................................ 33

**A ansiedade do dia a dia**
*Angela M.B. Biaggio* ................................................................... 51

**Valores e princípios: aprendi assim...**
*Suely Sales Guimarães* ................................................................ 61

**Sempre espero o pior, tudo dá errado**
*Eliana Aparecida Torrezan da Silva* ............................................ 75

**Não sei o que fazer ou dizer quando alguém me critica**
*Eliane Falcone* ............................................................................ 85

**Sinto-me estressado por não saber dizer não**
*João Ilo Coelho Barbosa* ............................................................. 97

**Aprendendo a se estressar na infância**
*Valquíria A.C. Tricoli & Márcia M. Bignotto* ............................. 113

**Experiências do passado, o stress de hoje**
*Norma Sant'Ana Zakir* ............................................................. 127

**Envelhecer é isto...**
*Andréia Eloisa de Camargo Bolfer Nacarato* .......... 141

**Você me estressa, eu estresso você**
*Maria do Sacramento Tanganelli* .......... 155

**O círculo vicioso: todos se estressam na família**
*Marilda Emmanuel Novaes Lipp* .......... 173

**Fácil para os outros, difícil para mim... por quê?**
*Marilda Emmanuel Novaes Lipp* .......... 187

**Os autores** .......... 203

# APRESENTAÇÃO

Embora a vida possa proporcionar situações que levam a tensões de grande porte, percebemos que é comum encontrar na base do stress, além de um evento externo precipitador, alguma característica da própria pessoa.

Valores muito rígidos, culpas indevidas, percepções enviesadas por experiências passadas, competição, incertezas, pressa, perfeccionismo, mágoas antigas e expectativas exageradas para si e para os outros estão entre as causas mais comuns do stress. Essas características pessoais são ainda mais poderosas como fontes de stress quando a pessoa possui também vulnerabilidade física ou psicológica para se estressar.

**O STRESS ESTÁ DENTRO DE VOCÊ** procura tornar acessíveis a todos as noções e conceitos psicológicos que muitas vezes só se tornam factíveis a quem faz uma psicoterapia.

É importante que todos tenham acesso às informações que podem melhorar a qualidade de vida do ser humano. Por isso, neste livro tentamos apresentar conceitos complexos da área da Psicologia de um modo simples e direto, sem os usuais jargões da ciência, com o objetivo de possibilitar às pessoas, no geral, se familiarizarem com as principais fontes internas de stress. Um livro como este não é fácil de ser escrito, pois a complexidade dos fenômenos discutidos e do referencial teórico exige um esforço especial para que sejam traduzidos em linguagem não técnica. É um livro escrito por cientistas experientes e de renome que se propuseram a traduzir dados de pesquisa e tratamentos clínicos para uma linguagem que permitisse uma leitura agradável e uma fácil absorção das ideias. A linguagem simples, no entanto, não esconde a importância dos dados de pesquisa, nem das noções clínicas, produtos de muitos anos de investigação científica e trabalho clínico.

Neste livro abordamos os principais modos como as pessoas criam stress para si mesmas: começando com conceitos gerais de stress, analisamos a maneira como o pensamento pode criar stress constantemente, e como correr, competir e produzir podem funcionar como fontes de tensão. Há um capítulo sobre a ansiedade do dia a dia e outro sobre como, para algumas pessoas, tudo parece ser tão difícil. O desânimo, a apatia, o pensamento pessimista, a falta de assertividade, os valores e princípios são discutidos dentro do referencial a que o livro se propõe, que é o stress. Há também capítulos sobre como as pessoas aprendem na infância a se estressar e como as experiências do passado contribuem para o stress de hoje e até mesmo como os idosos podem se estressar devido a ideias preconceituosas que a sociedade divulga. É discutido também como marido e mulher podem estressar um ao outro devido às expectativas estereotipadas que possuem. Alem disso, enfatiza-se também como o círculo vicioso dentro da família pode levar todos a estressarem um ao outro. **Todos os capítulos incluem sugestões de como se deve lidar para neutralizar as fontes internas de stress.**

É importante notar ainda que este é um livro escrito por clínicos e pesquisadores brasileiros (de vários estados) para o público brasileiro. Por tudo isso, **O STRESS ESTÁ DENTRO DE VOCÊ** se destina tanto ao público leigo como a profissionais da área da saúde que desejem entender as causas do stress de seus pacientes.

*Dra. Marilda Emmanuel Novaes Lipp*

## O que eu tenho é stress? De onde ele vem?

# O QUE EU TENHO É STRESS? DE ONDE ELE VEM?

*Marilda Emmanuel Novaes Lipp*

Telefonei para a casa de uma amiga e a filhinha dela de quatro anos atendeu. Perguntei pela Cláudia, Mariana me disse bem rápido: "A minha mãe está dormindo, ela está estressada." Peguei um táxi, um ruído estranho no motor me fez questionar o taxista quanto à condição do carro. Ele me diz calmamente: "Tem problema não, minha senhora, ele [o carro] só está com stress." O médico examina a paciente que reclama de vários sintomas, nada encontra nos exames e faz o diagnóstico: "A senhora só está com stress."

Todos hoje em dia sabem o que é stress? Ou pensam que sabem?

A representação social do stress nem sempre corresponde à realidade. Muitos profissionais da área de saúde utilizam o termo de modo vago para encobrir o desconhecimento do que se passa com o paciente. Esses profissionais, não conhecendo as implicações do stress, muitas vezes recomendam férias, receitam calmantes ou vitaminas. A prova de que não estão levando muito a sério a situação do paciente é que raramente encaminham os casos para uma psicoterapia especializada em stress. Tivessem eles um conhecimento mais profundo, além dos fármacos, não deixariam de aconselhar um tratamento psicológico especializado. Ninguém se recupera para sempre de um stress pronunciado somente com o tratamento medicamentoso. É fundamental descobrir a causa do problema e desenvolver estratégias de enfrentamento para lidar não só com o episódio presente mas também com futuras ameaças de stress excessivo. A medicação pode, sim, ajudar a pessoa a se recuperar no momento, porém não a inocula, não a protege de futuras dificuldades. Quem teve uma forte crise de stress possui uma grande probabilidade de reincidência, a não ser que aprenda a: (1) entender o que o estressou, (2) reconhecer os sintomas, (3) identificar seus limites de resistência e (4) lidar com as causas. O médico que trata somente a manifestação física do stress deixa de dar ao paciente a oportunidade de se proteger de futuros episódios, pois existe atualmente uma terapia do stress, que necessariamente inclui a terapia da doença física que foi gerada pelo stress. Entenda-se aqui que o psicólogo especialista em stress não vai cuidar dos aspectos físicos da doença manifesta, mas da estrutura mental e emocional do paciente, levando-o ao gerenciamento das condições que contribuíram para o aparecimento da doença. Quando o stress já atingiu o nível de propiciar o aparecimento de doenças, o aconselhável é um tratamento interdisciplinar em que o médico, especialista no órgão adoentado, e o psicólogo, especialista na área do stress, se unam para melhor tratar o paciente que sofre de uma condição em que corpo e mente se mesclam em união completa.

Algumas pessoas erram pensando que o stress é algo avassalador, que deve ser evitado a todo custo. Pensam que, se alguém ficou estressado, terá problemas a vida inteira, que nunca se recuperará; chegam a perguntar se stress é contagioso. Há outras, por outro lado, que menosprezam o impacto do stress e acham que "não é nada" e por isso não procuram evitar o seu agravamento ou amenizá-lo.

Ambas as atitudes estão equivocadas. Stress não é uma doença terrível, mas também não deve ser menosprezado pois, em níveis altos, pode causar graves problemas de saúde. O primordial é saber controlar o stress de tal modo que ele não ultrapasse a nossa zona de conforto, o nosso limite de tolerância e resistência.

## O que é o stress?

Palavra latina usada na área da saúde no século XVII, foi somente em 1926 que o pai da "estressologia", dr. Hans Selye, a usou para descrever um estado de tensão patogênico do organismo. Hoje em dia já existe a palavra "estresse" nos dicionários da nossa língua, mas os especialistas continuam a fazer uso da forma "stress".

Chama-se de stress a um estado de tensão que causa uma ruptura no equilíbrio interno do organismo. É por isso que às vezes, em momentos de desafios, nosso coração bate rápido demais, o estômago não consegue digerir a refeição e a insônia ocorre. Em geral, o corpo todo funciona em sintonia, como uma grande orquestra. Desse modo, o coração bate no ritmo adequado às suas funções, pulmões, fígado, pâncreas e estômago têm seu próprio ritmo que se entrosa com o de outros órgãos. A orquestra do corpo toca o ritmo da vida com equilíbrio preciso. Mas quando o stress ocorre, esse equilíbrio, chamado de homeostase pelos especialistas, é quebrado e não há mais entrosamento entre os vários órgãos do corpo. Cada um trabalha em um compasso diferente devido ao fato de que alguns órgãos precisam trabalhar mais e outros menos para poderem lidar com o problema. Isso é o que se chama de stress inicial. Como, por natureza, temos o impulso de sempre buscar o equilíbrio, automaticamente é feito um esforço especial para se restabelecer a homeostase interior. Tal esforço é uma resposta adaptativa do ser humano e às vezes exige um considerável desgaste e utilização de reservas de energia física e mental.

Quando conseguimos utilizar estratégias de enfrentamento para restabelecer a ordem interior, o stress é eliminado e voltamos ao normal. Todos nós já entramos nestes dois estágios e deles saímos com sucesso. A volta ao equilíbrio pode ocorrer pelo término da fonte de stress ou, mesmo em sua presença, quando aprendemos a lidar com ela adequadamente.

### Por quanto tempo alguém pode resistir ao stress?

Se a tentativa de voltar a homeostase se prolonga por um longo período ou não é bem-sucedida, entramos na fase intermediária do stress enquanto tentamos resistir às forças que estão quebrando nossa harmonia interior. O tempo necessário para se conseguir o equilíbrio varia de pessoa para pessoa, dependendo de sua resistência natural ao stress e do cabedal de estratégias de enfrentamento que tenha adquirido na vida para lidar com os problemas. Quanto mais resistente for e quanto mais estratégias ela utilizar, mais tempo conseguirá resistir aos estressores crônicos ou muito intensos.

### Como saber se atingi o meu limite?

Há pessoas que têm em suas vidas uma fonte de stress grande e permanente, como uma ocupação complicada ou uma situação familiar conflituosa, que constantemente afeta o seu equilíbrio interior. Nesses casos o processo do stress se constitui em um ciclo de altos e baixos, em que a pessoa consegue, com esforço, restabelecer o equilíbrio, este é quebrado novamente e mais uma vez é restabelecido temporariamente. Isso pode se prolongar por anos, até que um dia sua energia adaptativa se esgota e, não tendo mais como resistir, ela começa a adoecer. Para outras pessoas, o fim da resistência é mais rápido, pode levar alguns dias.

Quando não se consegue mais lidar com a tensão emocional, o corpo e a mente dão sinais visíveis de alerta. A memória começa a falhar, coisas pequenas e corriqueiras são esquecidas como se nunca tivessem acontecido. Não se consegue lembrar fatos, nomes ou tarefas, mesmo as mais simples. O outro sinal do corpo é acordar de manhã, após uma boa noite de sono, muito cansado. A sensação de desgaste físico e mental, acompanhada de falhas da memória, questionamentos sobre a nossa própria competência (autodúvidas), apatia e desinteresse pelas coisas que antes davam prazer se constituem em sinais de que a tensão está excessiva. Quando se conhecem alguns fatos sobre o stress e se tomam medidas para afastar a causa ou se melhora a habilidade de lidar com ela, o stress excessivo é eliminado e podemos voltar ao normal.

*Esse momento, quando os sinais descritos aparecem, é justamente o marco do limite da nossa resistência.* Bom seria que todos os que chegam a esse ponto refletissem sobre o fato de que ele envolve um lado positivo: propicia a oportunidade de conhecer o nosso limite para o stress.

Se nada é feito para aliviar a tensão, então o organismo, já sem energia para enfrentar o problema, enfraquece e uma série de doenças começa a aparecer, como gripes, gastrite, retração de gengiva, problemas dermatológicos etc. Caso o stress continue, a pessoa cada vez mais se sentirá exaurida, sem energia, depressiva, com crises de ansiedade e desânimo. Autodúvida e inabilidade para se concentrar e trabalhar surgem. Às vezes pesadelos ocorrem. Na área física, muitos tipos de doenças podem ocorrer, dependendo da herança genética da pessoa. Uns adquirem úlceras, outros desenvolvem hipertensão, outros ainda têm crises de pânico, de herpes, de psoríase ou vitiligo, entre outras. A partir daí, sem tratamento especializado e de acordo com a constituição da pessoa, existe o risco de ocorrerem problemas graves, como enfarte, derrames etc. Não é o stress que causa essas doenças, mas ele propicia o desencadeamento daquelas para as quais a pessoa já tinha uma predisposição ou, ao reduzir a defesa imunológica, ele abre espaço para que doenças oportunistas se manifestem.

O quadro 1 fornece uma lista de sinais de stress para quem deseja verificar seu nível de tensão. Lembre-se de que toda pessoa está sujeita a não se sentir totalmente bem um dia ou outro. Uma dor de estômago, um probleminha de pele, um momento de irritabilidade não querem necessariamente dizer que se está com stress. No entanto, quando os sintomas se somam e atingem uma certa frequência, o quadro sintomatológico do stress pode estar presente. Avalie o seu nível de stress, mas lembre-se de que cada um desses sintomas pode também significar a presença de outros problemas. É a somatória dos sintomas, na frequência indicada a seguir, que torna possível identificar se a pessoa tem stress. O corpo fala; você deve aprender a reconhecer a linguagem do seu corpo e não se desesperar, pois existem tratamentos especializados que podem ajudá-lo a se recuperar e a nunca mais ter stress excessivo.

### Quadro 1. Levantamento de sintomas de stress

Marque na tabela de respostas quantas vezes na *última semana* você sentiu o descrito abaixo:

1. Tensão muscular, tais como aperto de mandíbula, dor na nuca etc.;
2. Hiperacidez estomacal (azia) sem causa aparente;
3. Esquecimento de coisas corriqueiras, como o número de um telefone que usa com frequência, onde pôs a chave etc.;
4. Irritabilidade excessiva;
5. Vontade de sumir de tudo;
6. Sensação de incompetência, de que não vai conseguir lidar com o que está ocorrendo;
7. Pensar em um só assunto ou repetir o mesmo assunto;
8. Ansiedade;
9. Distúrbio do sono, ou dormir demais ou de menos;
10. Cansaço ao levantar;
11. Trabalhar com um nível de competência abaixo do seu normal;
12. Sentir que nada mais vale a pena.

### Tabela de respostas

| Itens | Frequência na última semana |
|-------|------------------------------|
| 1 | _____ |
| 2 | _____ |
| 3 | _____ |
| 4 | _____ |
| 5 | _____ |
| 6 | _____ |
| 7 | _____ |
| 8 | _____ |
| 9 | _____ |
| 10 | _____ |
| 11 | _____ |
| 12 | _____ |

### Verifique o significado de sua pontuação

Considere apenas o número de itens assinalados que apresentaram mais de quatro reincidências

Nenhum item assinalado     Parabéns, seu corpo está em pleno funcionamento no que se refere ao stress.

| | |
|---|---|
| De 1 a 3 itens assinalados | A vida pode estar um pouco estressante para você. Avalie o que está ocorrendo. Veja o que está exigindo demais de sua resistência. Pode ser o mundo lá fora, pode ser você mesmo. Fortaleça o seu organismo. |
| De 4 a 8 itens assinalados | Seu nível de stress está alto, algo está exigindo demais do seu organismo. Você pode estar chegando ao seu limite. Considere uma mudança de estilo de vida e de hábitos. Analise em que o seu próprio modo de ser pode estar contribuindo para a tensão que está sentindo. |
| Mais de 8 itens assinalados | Seu nível de stress está altíssimo. Cuidado. Procure ajuda de um psicólogo especializado em stress. Sem dúvida você tem fontes de stress representadas pelo mundo ao seu redor (pode ser família, ocupação, sociedade etc.) e fontes internas (seu modo de pensar, de sentir, de ser) com as quais precisa aprender a lidar |

Fonte: Centro Psicológico de Controle do Stress de São Paulo

**Como tratar meu stress?**

Em primeiro lugar deve-se sempre lembrar que os efeitos do stress podem ser completamente revertidos se a pessoa ainda não chegou ao ponto de ter contraído doenças mais graves. Se você já tem alguma manifestação física (enfarte, úlcera, psoríase etc.) desencadeada por um stress muito grande ou pela somatória de muitos fatores estressantes, pequenos mas constantes, seu tratamento necessariamente deverá ser feito por um psicólogo especialista em stress e por um médico especialista na área afetada. Lembre-se: tratar só a doença física sem aprender a lidar com o stress não vai ser eficaz por muito tempo, ao mesmo tempo que tratar apenas a causa do stress não vai ser suficiente para curar uma doença física já estabelecida.

Se você ainda não tem alguma doença física ou mental, mas não consegue resolver o problema sem ajuda, o tratamento deverá ser feito por um psicólogo especialista em stress. Há tipos de terapia que são extremamente eficazes para outros problemas e dificuldades, mas que não o são para o stress. Lembre-se também de que outros especialistas, como médicos, dentistas, fisioterapeutas etc., não estão treinados para lidar com as causas do stress. Compete ao psicólogo a função de auxiliar o paciente a trabalhar com as fontes de stress, principalmente se elas forem internas, criadas pelo modo de ser do próprio indivíduo.

O tratamento que abordamos em nosso livro *O stress* (ver as referências bibliográficas no final deste texto) se baseia no que designamos de quatro pilares do controle do stress: (1) alimentação, a fim de repor os nutrientes perdidos durante os períodos de stress; (2) relaxamento, a fim de reduzir a tensão mental e física que sempre acompanha o estressado; (3) exercícios físicos, porque o stress naturalmente prepara o corpo para a ação e os exercícios ajudam a eliminar a prontidão gerada pelo stress; e (4) reestruturação de aspectos emocionais, que se refere a conhecer a si mesmo e a mudar o modo estressante de pensar, sentir e agir.

Às vezes a pessoa não consegue, somente por meio dos sintomas, identificar que está com stress. O quadro 2 fornece algumas reflexões que permitem a pessoa se autoavaliar em diversas áreas.

**Quadro 2. O stress está demais?**

Para saber se o stress está ficando excessivo, faça uma reflexão sobre os itens abaixo. Cada um deles indica que o nível de stress talvez esteja excessivo.

1. Avalie seu corpo. Tem tido:
   dores musculares;
   dor de cabeça;
   ombros tensos;
   hiperacidez estomacal;
   maxilares contraídos.
   *Quando o corpo sofre, o stress está demais. O corpo pede ajuda.*

2. Avalie suas emoções. Tem sentido:
   apatia, vontade de fugir de tudo;
   tédio, desinteresse;
   raiva;
   ansiedade.
   *Quando os sentimentos estão tumultuados, é difícil ser feliz.*

3. Preste atenção aos seus relacionamentos. Tem experimentado:
   irritabilidade;
   vontade de não conversar com amigos;
   desilusão com todos.
   *Quando se está com stress, nossos relacionamentos ficam abalados.*

4. Preste atenção ao seu mundo psicológico.
   *Quando a vida passa a não ter sentido, o stress está demais.*

## E de onde vem o stress?

Aquilo que gera stress é chamado de estressor ou fonte de stress. Existem vários tipos de estressores e muitas vezes o que estressa uma pessoa não estressa outra. Para facilitar a identificação do que está criando stress, dividimos os estressores em duas categorias: fontes externas e internas.

As fontes externas são constituídas de tudo aquilo que ocorre em nossas vidas e que vem de fora do nosso organismo: a profissão, a falta de dinheiro, brigas, assalto, perdas, falecimentos. Tudo o que exija do organismo uma maior adaptação cria stress. Pela definição, compreende-se que não são somente os acontecimentos negativos que dão origem ao stress. Determinados eventos, mesmo que nos tragam muita felicidade, podem também exigir uma adaptação grande e, por isso, se tornam fontes positivas de stress.

As fontes internas se referem ao que chamo de nossa "fábrica" particular de stress, ao nosso modo de ser, nossas crenças e valores, nosso, modo de agir. O presente livro foi elaborado para tratar as fontes internas mais comuns e mais graves também. Os estressores externos são mais fáceis de serem identificados porque são passíveis de inspeção objetiva de qualquer um. Sabemos perfeitamente bem que qualquer um que passou pela morte de um ente querido deve estar sob um stress excessivo. Mas quando nos referimos àquilo que está dentro do ser humano, escondido, às vezes dormente, torna-se muito difícil de avaliar. A própria pessoa muitas vezes não consegue perceber que certos modos de pensar e analisar o mundo podem estar lhe criando stress. Este livro pretende ajudar na identificação e redução de várias dessas fontes internas de stress.

Um dos pontos mais importantes que se deve observar para aprender a lidar com o stress é justamente conseguir perceber e eliminar algumas fontes de stress que estejam ao nosso alcance. Por meio da leitura deste livro, esperamos que você consiga não só eliminar seus estressores internos, reduzindo o stress excessivo em sua vida, como também que consiga reduzir o stress das pessoas ao seu redor, principalmente dos filhos ou de outras crianças que estejam sob sua responsabilidade e ação. Quando a criança cresce sem fontes internas de stress, ela tem muito mais chance de vir a ser um adulto adaptado e feliz, enquanto a criança estressada será talvez um adulto fragilizado, vítima em potencial do stress do dia a dia.

### Referências bibliográficas

Lipp, M. E. N.; Malagris, L. E. N. *O stress*. São Paulo: Contexto, 1998.
Lipp, M. E. N. et al. *Como enfrentar o stress infantil*. São Paulo: Ícone, 1991.
Lipp, M. E. N. (Org.). *Relaxamento para todos: controle o seu stress*. Campinas: Papirus, 1998.

*Correr, competir, produzir e se estressar*

# CORRER, COMPETIR, PRODUZIR E SE ESTRESSAR

*Lucia Emmanuel Novaes Malagris*

Muitas pessoas passam boa parte de sua vida queixando-se de tanto trabalhar, de como precisam correr para dar conta de todas as suas atividades, reclamam da competitividade no trabalho, das exigências de produtividade, de prazos irreais, enfim, de como são ocupadas. "Tempo é dinheiro", "não gosto de perder tempo", "não dá tempo" são frases constantemente pronunciadas por pessoas bem-sucedidas que no fundo sentem que é perder tempo levar uma hora conversando com os amigos, ir a uma reunião na escola dos filhos ou pura e simplesmente passar alguns minutos apreciando a beleza da natureza. Será mesmo que estas pessoas são destinadas pela sua inteligência e competência a cumprir, a vida inteira, horários desumanos? Ou será que, sem se aperceber do que estão fazendo, elas criam para si próprias essa pressão de tempo constante aceitando muito mais incumbências do que seria razoável? Além disso, será que ao criarem essa premência de tempo para si mesmas essas pessoas, sem dúvida capazes e competentes, não estão também criando stress para todos ao seu redor?

Esses indivíduos apressados não estão "fingindo" que estão cheios de ocupações, eles realmente possuem uma agenda lotadíssima. Muitas vezes o que realizam em um dia seria suficiente para manter outras pessoas ocupadas por uma semana. Analisando friamente, tem-se a impressão de que eles atuam na vida com a velocidade de um minifuracão. Nessa pressa para a obtenção de metas, certamente não sobra tempo para as delicadezas da vida, por exemplo, perguntando como um funcionário passou as férias etc. O lado humano tem que ser deixado de lado pois "não há tempo para essas coisas". Não é fora do comum que os conflitos nos quais se envolvam, em casa ou no trabalho, frequentemente se agravem, pois a falta de tempo e a pressa, muitas vezes obrigam a pessoa a ser muito direta, preocupada com a resolução do problema e não com os sentimentos das pessoas envolvidas.

Pense bem, procure lembrar-se de situações desse tipo vividas por você, procure refletir. Será possível que você esteja buscando esse estilo de vida e reclamando dele como se fosse vítima das circunstâncias ou das pessoas? Na verdade, talvez você esteja sendo vítima de si mesmo, se sentindo valorizado por "conseguir" manter um ritmo cada vez mais rápido e uma intensidade cada vez maior nas atividades em que se engaja. Será? Mas por que você faria isso? Não parece racional, não é mesmo? Mas parece bem verdadeiro. A seguir, vamos analisar por que as pessoas fazem de suas vidas verdadeiras maratonas, o que sentem com isso, as consequências desse estilo de vida e como é possível mudar.

Antes de mais nada é importante saber o que vem a ser isso, ou seja, que fenômeno é esse que contribui para tornar a pessoa tão estressada e sua qualidade de vida tão deficiente? A resposta é *padrão de comportamento tipo A* ou a *doença da pressa*. Talvez você nunca tenha ouvido falar em tal coisa, embora possa pertencer ao grupo de pessoas com esse estilo de comportamento. Esse assunto não é tão novo, na verdade, os estudos iniciais sobre esse tipo de comportamento são da década de 1950. Você deve estar surpreso e se perguntando: "Como nunca ouvi falar nisso?" Infelizmente não é só você, talvez a maioria das pessoas não conheça essa característica que funciona como uma potente fonte de stress e é tão comum entre nós da cultura ocidental capitalista.

Os autores que começaram os estudos sobre o assunto eram dois cardiologistas americanos e eles definiram o *comportamento tipo A* como sendo um conjunto de ações e emoções que inclui ambição, agressividade, competitividade e impaciência, tensão muscular, estado de alerta, fala rápida e enfática e um ritmo de atividade acelerado. Além disso, fazem parte desse estilo de comportamento, a irritabilidade, a hostilidade e a facilidade em sentir-se irado. Estudos mais recentes têm considerado também, como muito importantes, os pensamentos (cognições) da pessoa induzindo à *doença da pressa*.

Parece que estamos falando do "Super-Homem" em ação, mas, na verdade, trata-se de uma séria dificuldade que, segundo as pesquisas, pode contribuir para o desenvolvimento de uma variedade de doenças, dentre as quais as cardiológicas são as mais estudadas. É claro que as doenças que a pessoa do tipo A pode desenvolver vão depender de predisposições genéticas. Imagine uma corda que está um pouco puída em determinado ponto e você fica puxando todo o tempo e intensamente. A probabilidade é de que ela se rompa no ponto onde já estava mais fraca. E assim é também com o nosso organismo, temos uma tendência a ter um órgão mais frágil e esse órgão vai sofrer mais os efeitos de um estilo de vida estressante, e ali podem se desenvolver doenças, tais como problemas gástricos, dermatológicos, cardiológicos etc. Podemos ter uma ideia da nossa tendência observando as doenças mais comuns na nossa família, embora nem sempre isso seja tão determinante, pois hábitos como alimentação inadequada, fumo, álcool etc. também podem contribuir para o aparecimento de doenças que nem sempre são predisposições genéticas.

Vamos falar detalhada mente das características do comportamento tipo A, de acordo com os cardiologistas que iniciaram tais estudos, para que você possa avaliar se realmente possui esse padrão de comportamento.

## Características principais do padrão de comportamento tipo A

A pessoa está sempre envolvida em lutas para alcançar metas, sendo superconsciensiosa e dedicada ao trabalho, se esforçando para se superar sempre em suas tarefas, até mesmo nos esportes e *hobbies*, ocupando todo o seu dia com alguma tarefa e experimentando sentimentos de culpa quando está parada.

Veja a seguir as principais características do padrão tipo A de comportamento e identifique se no seu dia a dia você apresenta:

- um firme aperto de mão;
- um andar rápido;
- ritmo rápido para comer;
- voz alta e/ou vigorosa;
- respostas abreviadas nas conversas;
- tendência a cortar os finais das palavras, tendo uma falha na pronúncia;
- rapidez na conversa e aceleração da fala no final de uma longa frase;
- fala explosiva, enfatizando certas palavras;
- está sempre interrompendo quando o outro fala, dando respostas rápidas antes que o outro tenha completado sua afirmação;
- apressa a fala do outro dizendo "sim, sim", "hum, hum", "certo, certo" ou acenando com a cabeça frequentemente;
- reage veementemente quando é impedido de realizar as coisas rapidamente, por exemplo, quando tem que dirigir ou comer devagar;
- cerra o punho ou aponta com o dedo para enfatizar sua verbalização;
- é hostil em situações que parecem levá-lo a perder tempo;
- usa frequentemente apenas uma palavra para responder questões, como "sim!", "nunca!", "definitivamente!", "absolutamente!".

É claro que nem todas as pessoas consideradas tipo A possuem todas essas características. Para você saber se é mesmo um tipo A, verifique as de um outro grupo, que foi chamado pelos estudiosos do assunto de *comportamento tipo B*. Observe se possui mais características de um ou de outro tipo de comportamento. O comportamento tipo B foi verificado na medida em que se percebeu que algumas pessoas eram completamente diferentes do tipo A. Veja a seguir.

**Características principais do padrão de comportamento tipo B**

- expressão geral de relaxamento, calma e solicitude;
- aperto de mão gentil;
- andar moderado a lento;
- voz branda e de baixo volume;
- prolixo nas respostas, ou seja, muito detalhista ao se expressar;
- não corta o discurso do outro quando este fala; é muito raro interromper quando o outro fala;
- é lento ou moderado nas suas respostas verbais;
- não acelera o final da sentença;
- é quase monótono, sem explosividade na fala;
- não fala de modo apressado;
- não reage de maneira intensa quando é impedido de realizar as coisas rapidamente;
- dificilmente é hostil;
- não costuma responder de forma monossilábica;
- raramente usa o punho cerrado ou o dedo apontado para enfatizar sua fala.

Essas pessoas não são consideradas exatamente opostas às do *tipo A* podendo, na verdade, apresentar, além das descritas acima, as mesmas características do tipo A, só que não de maneira exagerada.

É importante lembrar que nem sempre as pessoas vão ser consideradas tipo A ou tipo B, muitas vezes observa-se uma mistura de características que se constituirá no chamado *tipo X*, que corresponde a apenas 10% da população. A pessoa com *padrão de comportamento tipo X* possui 50% das características do tipo A e 50% das do tipo B.

Já se avaliou? Se você é do tipo A, agora é importante entender por que desenvolveu esse padrão de comportamento. Caso não seja, também é importante entender essas pessoas tão afobadas, apressadas e hostis que ficam à sua volta lhe estressando. É importante mencionar que uma das mais importantes fontes de stress para a pessoa do tipo B é um tipo A. E, vamos fazer justiça, para o tipo A uma das mais importantes fontes de stress é um tipo B. Entretanto, procure imaginar também dois tipos A ou dois tipos B convivendo. No primeiro caso, fica difícil acompanhá-los de tão velozes, e competem tanto um com o outro que a relação pode se transformar em uma guerra. Agora, imagine dois tipos B, talvez não cheguem muito longe. Então, podemos concluir que nenhum extremo é favorável em um relacionamento, que pode se tornar muito estressante ou muito monótono. O que parece ideal é que as pessoas procurem adquirir características dos dois tipos de comportamento e usem a mais adequada dependendo do momento e da necessidade. Por exemplo, quando se vai atravessar uma rua, precisamos de atenção e cautela (características do tipo B), mas após decidir atravessar talvez seja melhor sermos rápidos (característica do tipo A).

## Como se desenvolve o padrão de comportamento do tipo A?

Os estudos têm mostrado que as pessoas com tal padrão de conduta já nascem com certa tendência, ou seja, já nascem com predisposição a ser do tipo A. No entanto, sabe-se também que certas situações ou contextos precisam estar presentes para que tal predisposição se desenvolva. Uma importante pesquisa feita com setecentos gêmeos revelou que as duas contribuições são importantes, mas que as características de competitividade e ambição parecem mais relacionadas a aspectos genéticos, e a hostilidade e agressividade, a aspectos ambientais. O importante é que os dois fatores demonstram estar presentes, tanto a predisposição como o ambiente. Saber isso é fundamental, pois a partir daí podem-se desenvolver formas de controle dos extremos e contribuir para melhorar a qualidade de vida da pessoa com padrão de comportamento tipo A. Resultados de pesquisa têm também revelado que a posição da pessoa na família pode contribuir para definir um tipo ou outro de comportamento. Tem-se visto que muitas pessoas do tipo A são primeiros filhos e suspeita-se que isso seja devido a tais crianças terem sido levadas a acreditar, em função do nível de exigência a que são submetidos, que para serem consideradas dignas de admiração e respeito teriam que ser absolutamente competentes o tempo todo.

R., uma paciente atendida no Centro Psicológico de Controle do Stress, relatou que era a primeira filha de um total de cinco, e que sempre foi cobrada a ser um modelo para os irmãos; os pais exigiam que, tirasse excelentes notas, fosse sempre competente, muito responsável e organizada com seus pertences. Cresceu acreditando que só teria valor se atendesse às exigências dos pais e se conseguisse fazer com que os irmãos fossem como ela. R., já adulta, continuou a ser o modelo para os irmãos, que a consideravam mais forte do que eles e a sobrecarregavam com seus problemas, acreditando que só ela seria competente bastante para resolvê-los. R. era altamente competitiva, veloz e perfeccionista em seu trabalho, ali também achando que precisava ser um modelo. Competia até consigo mesma, lutando para cada vez realizar mais em menos tempo. Sua vida afetiva, social e sua saúde sempre foram deixadas em segundo plano. Como resultado de tudo isso, R. entrou num processo de stress bastante severo, chegando à fase de exaustão, desenvolvendo hipertensão arterial e úlcera duodenal. R. precisou passar por um tratamento que focou, além de outros pontos, o controle do seu padrão de comportamento tipo A para minimizar os seus efeitos, aprendendo uma nova forma de se relacionar com os outros e consigo mesma, tendo também se submetido a tratamento médico para controle das doenças desenvolvidas.

No que se refere aos fatores responsáveis pelo desenvolvimento do padrão de comportamento tipo A, é importante lembrar que existe a predisposição, os fatores ambientais que funcionam como desafios e exigências, mas também se deve considerar o que a própria pessoa faz com esse ambiente. A pessoa não é passiva ou vítima das circunstâncias, ou seja, ela não responde simplesmente a situações estressantes, ela própria pode criar desafios e solicitações adicionais no seu ambiente. Por exemplo, M. era um executivo tipo A que marcava muitas reuniões no mesmo dia e por isso estava sempre atrasado para seus compromissos, estressava-se muito com a ideia de que não era competente o bastante para dar conta de tudo da melhor forma, ou seja, com perfeição. Esse executivo procurou o tratamento na fase de resistência do stress, com muito cansaço, problemas de memória e dificuldades sexuais, o que levava a duvidar ainda mais da sua competência nas diversas áreas, tornando-se irritadiço e deprimido. Observe que ele mesmo produziu o seu stress, ao se propor o impossível, e passou a vivenciar a sensação de incompetência. Fica claro que a pessoa pode contribuir na determinação dos fatores ambientais que vão afetá-la e que tais fatores podem determinar, até certo ponto, que comportamentos serão acionados e desenvolvidos.

Agora, se você tem a chamada *doença da pressa*, já pode compreender porque é assim, porque se cansa tanto, exige de si cada vez mais, é hostil e com isso tem problemas de relacionamento, enfim, você pode entender uma parte do seu stress. Ou melhor, pode entender que, com seu padrão de comportamento e consequente estilo de vida, pode ser sua própria fábrica de stress.

Muitas pesquisas têm sido realizadas para que a pessoa possa controlar esse tipo de comportamento, e o que tem sido visto é que isso é possível, mas para tal a pessoa precisa se conscientizar do seu padrão de comportamento, do prejuízo que pode estar trazendo para sua própria vida e estar experimentando o desejo de mudar. Tudo isso é muito importante na medida em que, para controlar certas características, a pessoa necessitará abrir mão de algumas coisas que ela vê, distorcidamente, como principais responsáveis pelo seu sucesso. Primeiramente, é necessário refletir sobre o que é ter sucesso na vida. É realizar muitas tarefas, ter poder, fazer sempre tudo com perfeição, fazer tudo rápido? O que é sucesso para você? Pense sobre isso. É necessário perceber que talvez seja muito mais do que isso, seja também ter tempo para outras pessoas e coisas além do trabalho, observar a natureza, planejar o que pretende fazer, ter mais lazer e trocar mais afeto, enfim, ter uma melhor qualidade de vida. Nada disso significa que você deve se transformar em uma pessoa negligente em seu trabalho, mas que precisa ter um olhar mais amplo do que seja viver bem, conseguindo se realizar nas diversas áreas da vida, na social, afetiva, profissional e na da saúde.

## Como controlar as características do padrão de comportamento tipo A e minimizar os seus efeitos?

Se você já fez sua reflexão e concluiu que quer mudar, então está na hora de ler esta parte deste capítulo, mas se você ainda não se convenceu, é mais aconselhável, primeiramente, ler de novo as páginas anteriores e refletir mais. Não tente mudar sem estar consciente de que é preciso e, principalmente, de que quer isso. Se não consegue chegar a uma conclusão, observe as outras pessoas, avalie o padrão de comportamento delas, pense sobre como é a vida delas, se elas realmente parecem saudáveis e felizes. Depois volte-se para a sua própria vida: falta alguma coisa? Você tem amigos, dá atenção adequada à sua família, tem cuidado da saúde, se diverte e ri? Não? Então, pense no que pode fazer para atingir tudo isso. Talvez uma das coisas de que precise seja controlar seu tipo A e, assim, mudar seu estilo de vida. Você, é claro, não conseguirá se transformar num tipo B (será que você quer isso?), mas talvez consiga mudar um pouco e se sentir mais feliz, além de prolongar sua vida. Com certeza, você vai dedicar um pouco menos de sua vida ao trabalho e à tarefa de tentar a perfeição, mas será que isso é realmente uma perda, ou você estará tirando muito mais da vida do que a imagem de super-herói?

Se ainda não concluiu se quer ou não mudar, pegue uma folha de papel e desenhe uma circunferência, como se fosse uma torta. Agora, divida essa torta em quatro partes proporcionais à atenção que você vem dedicando às seguintes áreas: social, afetiva, profissional e saúde. Escreva em cada parte o percentual de atenção que você está dando a cada uma dessas áreas. Observe o desenho para ter uma melhor ideia de como fazer isso.

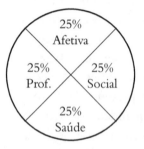

Essa seria a situação "ideal", em que se estaria dando atenção igual a todas as áreas. É claro que ao longo da nossa vida precisamos dar, muitas vezes, atenção diferente a cada uma delas, dependendo da necessidade e circunstância. Mas é importante que se tente sempre uma atenção aproximada.

Essa poderia ser a situação de uma pessoa tipo A, em que 50% de sua atenção é dedicada à área profissional e os outros 50% são divididos entre as áreas social, afetiva e da saúde.

Como está a sua torta, ou melhor, a sua vida? Talvez esteja muito bem dividida e você não tenha que mudar nada mesmo. Mas se as fatias dela estão muito desproporcionais, esse é um sinal de que você está precisando repensar sobre isso. Convencido agora? Então, que tal tentar?

Como mencionado anteriormente, o padrão de comportamento tipo A, por levar a um estilo de vida estressante, pode contribuir para o desenvolvimento de doenças, especialmente as cardiológicas. Pesquisas têm revelado que pessoas do tipo A com problemas cardiológicos que tiveram tratamento para mudar o padrão de comportamento, além do tratamento médico, reduziram quase à metade a recorrência de episódios coronários em relação àquelas que receberam apenas tratamento médico. No entanto, é importante que o controle do tipo A não seja realizado apenas quando a pessoa já tem uma doença. É possível, e até fundamental, que seja feito um trabalho preventivo no sentido de que a doença não se manifeste. Pessoas saudáveis e de alto risco podem se beneficiar com programas de prevenção, por meio da modificação das manifestações de comportamentos e de sentimentos que estão relacionados ao padrão de comportamento aqui discutido. Portanto, mesmo que você não tenha doença alguma devido ao stress causado pelo seu padrão de comportamento tipo A, é bom observar as recomendações a seguir para que evite danos à sua saúde e, assim, possa aproveitar mais os prazeres da vida.

**O que fazer para mudar?**

Tanto para prevenir quanto para tratar, as técnicas a serem utilizadas são as mesmas. Veja algumas delas:
1. Entenda bem o padrão de comportamento tipo A e compreenda os motivos pelos quais se desenvolve esse tipo de comportamento. Pense em sua história de vida, por que se comporta assim?
2. Pratique técnicas de relaxamento, utilizando fitas ou CDs especializados, ou apenas relaxe ouvindo uma música ou mentalizando sobre a natureza.

3. Procure reinterpretar os eventos, ou seja, verifique se a forma como está interpretando os fatos, seu desempenho e suas realizações, está produtiva. Procure explicações alternativas para tais situações. Existem várias formas de se interpretar uma situação, será que você está escolhendo a que lhe traz mais sofrimento?
4. Verifique se está se estressando com situações imaginárias, que já passaram ou que não aconteceram ainda e que talvez nem aconteçam. Tente se concentrar no presente e no que é real.
5. Observe uma pessoa que você acredita ser do tipo B. Procure verificar os ganhos que ela pode ter na qualidade de vida, tente exercitar algumas das habilidades que ela tem e perceba como pode se sentir melhor. Mas, lembre-se, você não conseguirá ser do tipo B, não ficaria mais feliz assim, apenas precisa adquirir algumas de suas características e habilidades de enfrentamento.
6. Reflita e avalie a si mesmo sobre seus objetivos de vida, principais interesses, senso de humor, questões humanitárias e o que lhe dá prazer real. Será que você está caminhando na vida na direção em que realmente quer ir e com satisfação? Ou está indo no sentido contrário de seus objetivos reais e experimentando sempre tensão e desconforto?
7. Compreenda seus limites. Você pode querer, mas não é um super-herói, e tem limites, queira ou não queira. Portanto, melhor assumir isso e parar quando perceber que está indo além do possível.
8. Pense na área social, faça amizades. Cultive afeto nos relacionamentos, olhe e escute de fato as pessoas, talvez elas tenham coisas importantes a lhe dizer, coisas que você não sabe. Você não tem que saber tudo, se dê o direito de aprender.
9. Procure realizar diariamente atividades que não sejam profissionais, conversar sobre outros assuntos, caminhar, olhar a natureza, ouvir música, ou, simplesmente, tirar um tempo só para você pensar sobre sua vida, estabelecendo metas também na área pessoal.
10. Não permita interrupções quando estiver resolvendo um assunto importante, faça uma coisa de cada vez. Embora a pessoa tipo A se sinta muito valorizada por conseguir fazer muitas coisas ao mesmo tempo, sofre um desgaste muito grande nessa tarefa.
11. Procure pensar que o importante não é só ter as coisas prontas, concluídas; também pode ser bom e prazeroso o durante, o estar

fazendo. Lembre-se, a estrada para um lugar que queremos muito ir pode ser bem bonita e agradável, você pode curtir esse momento e ainda o outro momento, o de chegar lá.
12. Delegue ao outro as tarefas que sejam possíveis. Por que fazer tudo, se sobrecarregar tanto? Sabe por que você faz isso? Porque acha que faz melhor e mais rápido. Mas será que isso é verdade? Mais rápido pode até ser, mas melhor, nem sempre. Fazer uma quantidade maior, em menor tempo, não é garantia de uma melhor qualidade na realização. Deixe os outros fazerem também, não se sobrecarregue, pois além de tudo está dizendo para o outro quando não o deixa fazer as coisas: "Você não é capaz, deixa que eu faço". Será que ele não é capaz mesmo?
13. Invista no seu crescimento pessoal, pense em *ser* e não apenas em *ter, realizar, concretizar.*

Parece bastante evidente que o padrão de comportamento tipo A se constitui em um comportamento de risco para o desenvolvimento de doenças físicas, gerando uma qualidade de vida deficiente. Se você conseguir implementar algumas das estratégias citadas de maneira consistente, poderá contribuir para prolongar sua vida e, além disso, ser mais feliz. Mas não esqueça: antes de qualquer coisa, é preciso reconhecer seu padrão de comportamento, identificar as características presentes, refletir sobre os efeitos deste padrão para a sua qualidade de vida e o que você pode estar perdendo, experimentar o desejo de mudar e efetivamente *mudar*. Não espere mais para começar, você pode parar de ser sua própria fábrica de stress e passar a produzir bem-estar para si mesmo.

## Referências bibliográficas

DEL PINO, A. El patrón de conducta tipo A. In: CABALLO, V.; BUELA-CASAL, G.; CARROLES, J. A. (Dirs.). *Manual de Psicopatologia y Transtornos Psiquiátricos*. Madrid: Sigla Veintiuno Eds. v. 2, 1996, pp.451-479.

LIPP, M. E. N. et al. *Como enfrentar o stress*. São Paulo: Ícone, 1986.

ROSENMAN, R. H.; FRIEDMAN, M.; STRAUS, R. et al. A predictive study of coronary heart disease: The Western Collaborative Group Study. *Jama* 189, 1964, pp.15-22.

## *Criando stress com o pensamento*

# CRIANDO STRESS COM O PENSAMENTO

*Adriana Batista de Alcino*

**Pensando errado e criando stress...**

O stress é considerado o "mal do século", "a doença do milênio", e este fato tem proporções de profecia de Nostradamus como se uma peste negra ou como se alguma coisa desse gênero fosse assolar e corroer as pessoas como em filmes futuristas. Ao ler os jornais toma-se um susto, pois mesmo as pessoas mais otimistas podem ser tomadas de uma "leve depressão-reflexiva" que somada aos seus problemas reais, como falta de dinheiro, crises e recessões, dificuldades afetivas, entre outras, pode levar a pessoa indubitavelmente ao tão famoso estado de *stress*! Mas stress não é doença e um pouco de stress é importante para que se possa produzir e até se proteger em momentos de perigo, já que em situações de stress o organismo entra em estado de alerta. E o jeito é não desanimar, pois existem dois antídotos para tudo isso: o primeiro é aprender técnicas para controlar o stress excessivo e torná-lo um aliado; e o segundo é entender que os fatores externos não são os únicos vilões, sobre os quais se tem pouco ou nenhum controle, que causam stress.

Não só o acúmulo de problemas leva ao stress, mas os fatores internos, entre eles o modo como interpretamos determinados eventos, o modo como pensamos sobre as situações, a vida, o mundo e as pessoas, podem gerar e até piorar nosso estado de stress. Como? O exemplo a seguir ilustra claramente como os pensamentos e nossas crenças pessoais podem influenciar na reação ante uma situação: Imagine que alguém está andando na rua com um amigo e de repente surge um cachorro. Um reage com medo, foge, grita e o outro faz um afago no cão. O que difere o modo de reagir dessas duas pessoas diante desse estímulo neutro que é o cão? A reação positiva ou negativa é motivada pelo tipo de interpretação que fazemos da situação, e o mais incrível é que interpretações e julgamentos ocorrem em inúmeras situações no dia a dia sem tomarmos consciência dos possíveis efeitos que esses julgamentos trazem às nossas emoções. Os pensamentos controlam as emoções e a força do pensamento e o tipo de interpretação que se faz dos estímulos pode fazer com que se produza o stress.

Albert Ellis, na década de 1960, criou um sistema teórico o qual denominou Teoria Racional Emotiva. Entre seus princípios básicos figura o da cognição (pensamento) como o determinante mais importante (não o único) da emoção humana e o de que estados disfuncionais (o stress, a ansiedade e a depressão) são resultados de processos de pensamentos disfuncionais, que Ellis denominou "crenças irracionais", caracterizadas por uma visão dogmática e absolutista de interpretar as situações.

As crenças são um dos fatores mais poderosos do ser humano, pois a pessoa é aquilo o que acredita ser: "crenças são todo princípio orientador, convicção ou fé que dão significado e direção em nossa vida". As crenças são uma espécie de filtro das situações vivenciadas que tem como função interpretar, julgar, classificar e processar as informações e emoções de cada situação. Existem crenças racionais, as crenças fortalecedoras que dão à pessoa condições de analisar realística e objetivamente os problemas e encontrar soluções plausíveis ou até mesmo se adaptar e aceitar uma situação problemática. Pode-se dizer que as crenças racionais são as que proporcionam condições básicas de o ser humano enfrentar o stress, resolver seus problemas e tolerar frustrações. Já as crenças irracionais são uma maneira distorcida e disfuncional de julgar as situações que estão ligadas a uma tendência da pessoa de julgar negativamente a si mesma, o mundo e as pessoas. Essas crenças são limitadoras do desenvolvimento humano e normalmente geram frustrações, ansiedade e stress. A formação das crenças tem como origem principal o aprendizado advindo da interação familiar, depois a escolarização e todo processo de socialização. O ambiente é importante, mas não é o único determinante, pois pode favorecer a construção de uma crença irracional que somada às experiências e ao conhecimento adquiridos estruturam a aquisição deste complexo mapa cognitivo.

A Terapia Racional Emotiva proporciona uma compreensão interessante do funcionamento das crenças irracionais que podem ser entendidas sob a sigla ABC, sendo o A a situação, o B a crença e o C as consequências emocionais e/ou físicas. A maioria das pessoas acredita que A (as situações) é a causa de suas reações emocionais (C); por exemplo, se alguém é questionado por que se sente estressado ou irritado, certamente dará uma lista de motivos externos que causam essa reação, tais como dificuldades no trabalho, brigas na família, falta de tempo e dinheiro entre outros, mas dificilmente encontra-se uma resposta do tipo "acho que este meu jeito de achar que nada dá certo tem piorado tudo". Para que se conheça um pouco sobre essas "crenças irracionais" que provocam os pensamentos estressantes, veja os exemplos das principais crenças.

## Crença 1

Algumas pessoas apresentam a crença irracional de que deve ser estimada ou aprovada por todas as pessoas virtualmente importantes em sua vida; são pessoas que normalmente se motivam por meio da aprovação externa e que dificilmente dizem "não" por temerem desagradar os outros e por quererem garantir sempre aprovação. Um exemplo do ABC dessa crença é:

*Situação*: A pessoa se esforça ao máximo para conseguir agradar no trabalho e espera ser reforçada, ou seja, aprovada por seu chefe ou pares. Como a aprovação nem sempre existe, quando essa pessoa não for aprovada ou ainda receber uma reprovação, pode ter a seguinte crença racional:

*Crença racional*: "Não estou feliz por ter sido reprovada, certamente eu não merecia isso, mas também não é o fim do mundo..." Mas logo aparece a crença irracional.

*Crença irracional*: "Que droga! Fiz tanto e eles não poderiam ter feito isso comigo, eu não posso aceitar, acho que não consigo mais me motivar neste ambiente, só não saio daqui pois está difícil conseguir um emprego".

*Reações*: Tensão, angústia, frustração, raiva, crescente sentimento de insatisfação.

## Crença 2

Existe a crença de que "deve-se ser plenamente competente, adequado e realizado sob todos os aspectos possíveis, para que possa considerar-se digno de valor". Isso é uma verdadeira armadilha, já que não se pode acertar sempre.

*Situação:* A pessoa tem que fazer uma tarefa, mas como acha que deve ser plenamente competente, seu nível de exigência fica muito alto e tem comportamento perfeccionista. A tarefa se torna uma "missão impossível".

*Crença racional:* "Devo fazer o melhor que posso, mas devo diminuir meu grau de exigência para que possa concluir a tarefa e sobreviver sem me estressar tanto."

*Crença irracional:* "Sempre procuro fazer tudo certo, mas mesmo assim não consigo o que quero."

*Reação:* Culpa, desvalorização pessoal, baixa autoestima, ansiedade.

## Crença 3

"É horrível e catastrófico quando as coisas não acontecem do modo como eu gostaria muito que acontecessem." Essa crença pressupõe um mundo perfeito em que as outras pessoas ajam conforme a sua vontade, que não difiram de sua opinião e que os planos sejam seguidos à risca e seus resultados, atingidos custe o que custar; portanto, nesse admirável mundo não vão existir frustrações e decepções.

*Situação:* Qualquer uma em que houve um planejamento ou uma preconcepção do que se gostaria que ocorresse.

*Crença racional:* "Foi ruim não ter conseguido o que eu esperava, mas não é a pior coisa do mundo, posso tentar novamente, as coisas nem sempre são como gostaríamos que fossem" ou "não podemos ter um controle absoluto e perfeito sobre tudo".

*Crença irracional:* "Como o fulano não sabe? Um problemão desses! E ele não foi atrás de resolver, é inadmissível!"

*Reação:* Irritação, briga, raiva, discussão, ansiedade...

## Crença 4

"Certas pessoas são más, perigosas ou desprezíveis e deveriam ser censuradas e punidas por suas maldades."

*Situação:* A pessoa espera um comportamento de alguém que não corresponde a essa expectativa.

*Crença racional:* "Nem sempre as pessoas vão tentar o máximo e fazer o melhor que podem."

*Crença irracional:* "Pô, combinamos de nos encontrar aqui e ele não está, pra que combinar então? Ele não está nem aí comigo."
*Reação:* Raiva, desprezo, sensação de desrespeito e ameaça...

## Crença 5

"A infelicidade humana é causada por razões externas e as pessoas têm pouca ou nenhuma capacidade de controlar seus sofrimentos e preocupações."
*Situação:* O próprio pânico que se instalou em algumas pessoas diante das dificuldades do nosso tempo.
*Crença racional:* "A situação está difícil, mas preciso reagir, deve haver alguma coisa para ser feita..."
*Crença irracional:* "O que fazer neste caos? Recessão, desemprego, falta de perspectivas?! Não dá para controlar, a gente tem que explodir!"
*Reação:* Ansiedade, desânimo, depressão...

## Crença 6

"Se alguma coisa é ou pode ser perigosa ou apavorante, a pessoa deve ficar tremendamente preocupada e pensar persistentemente na possibilidade dessa coisa acontecer."
*Situação:* Provável possibilidade de fracasso pequeno ou grande frustração.
*Crença racional:* "Devo tomar cuidado, me precaver, fazer tudo que estiver ao meu alcance para evitar este fracasso."
*Crença irracional:* "Confusão! Não consigo parar de pensar! Os planos que eu tinha devem ser abandonados, meus compromissos não serão por mim honrados."
*Reação:* Desespero, confusão, ansiedade, culpa...

## Crença 7

"É mais fácil evitar do que enfrentar certas dificuldades e responsabilidades pessoais na vida."
*Situação:* Uma situação em que a pessoa se ache incapaz de resolver e em que se deixe tomar por sentimentos de insegurança.

*Crença racional:* "Devo me acalmar e preciso enfrentar esta situação mesmo que seja difícil, sempre existe uma primeira vez e não preciso me cobrar tanto."

*Crença irracional:* "Como não me acho capaz de resolver estes problemas e tenho pouca estrutura emocional para este tipo de coisa, o melhor é deixar como está para ver como é que fica."

*Reação:* Bloqueio, tensão, negação, ansiedade...

**Crença 8**

"Uma pessoa é dependente das outras e precisa de alguém mais forte do que ela para poder confiar e apoiar-se." Essa crença ocorre quando uma pessoa coloca a sua própria felicidade nas mãos de alguém – filhos, marido/esposa etc.

*Situação:* Marido foi severo e criticou duramente sua esposa.

*Crença racional:* "Ele não tem esse direito, portanto não vou permitir que tenha esta reação e serei assertiva (colocarei meus sentimentos)."

*Crença irracional:* "Ele não tinha esse direito! Ele é mau! Ele destruiu minha alegria! Ele tem vergonha de mim e eu me sinto tão frágil!"

*Reação:* Tristeza, sensação de rejeição, fraqueza, insegurança...

**Crença 9**

"O passado de uma pessoa é o determinante pessoal de seu comportamento atual e, pelo fato de alguma coisa ter afetado seriamente a vida da pessoa, deverá influir indefinidamente sobre ela."

*Situação:* Qualquer fato que reforce essa crença já existente ou uma situação de conflito.

*Crença racional:* "Não preciso ver isso como um carma em minha vida e sim como uma possibilidade de eu reagir diferente e aprender com a situação que se repete."

*Crença irracional:* "Fui criado assim, desde criança esperam que eu seja o bonzinho. Como poderia ser diferente?"

*Reação:* Passividade, frustração, impotência...

**Crença 10**

"Uma pessoa deve ficar extremamente preocupada com os problemas de outras pessoas." Essa é a típica crença de pessoas que têm reação de "esponja" aos problemas de pessoas próximas ou tomam para si as "dores do mundo", se misturando ao caos e sofrimento em vez de estarem envolvidas, comprometidas, mas sem sofrer pelo outro, para assim poderem ajudar.

*Situação*: Parente que perdeu o emprego ou situação semelhante.

*Crença racional*: "Fico triste por isso ter acontecido, vou ver o que posso fazer."

*Crença irracional*: "Pobre coitada, ela não merecia isto, tão boa que ela é! Isso não me sai da cabeça, estou revoltada!"

*Reação*: Ansiedade, irritação...

**Crença 11**

"Existe sempre uma solução correta, precisa e perfeita para os problemas humanos, e é uma catástrofe quando a solução exata não é encontrada." Essa é a crença dos perfeccionistas e pessoas muito exigentes e autocríticas. É como se tivessem um chicote na mão, prontas a se punir.

*Situação*: Quando ocorrem erros.

*Crença racional*: "É errando que se aprende, tenho direito de errar..."

*Crença irracional*: "O que eu fiz de errado? Se eu tivesse pensado melhor antes, isso não teria ocorrido! Eu simplesmente não posso aceitar."

*Reação*: Culpa, ansiedade, sensação de derrotismo, reforço do perfeccionismo...

**Crença 12**

"Deve-se ter um controle absoluto e perfeito sobre as coisas." Esta é uma das piores crenças de deveres absolutistas que exercem um grau terrível de pressão e tensão interno na pessoa. Além das cobranças externas as quais todos estão submetidos, existe ainda essa necessidade de controle interno. É como se a pessoa, não podendo deter o controle, deparasse com sua insegurança.

*Situação*: Normalmente pessoas com essa crença tentam estabelecer um controle sobre tudo.

*Crença racional*: "É importante planejar, mas se algo sair planejado, não é preciso ficar tão preocupado. O que de pior pode acontecer?"

*Crença irracional:* "*Tenho* que apresentar este seminário, *tem* que ser o máximo, o professor *tem* que gostar, e se for assim *terei* boas oportunidades e possivelmente um emprego. Caso contrário, será horrível."

*Reação:* Tensão, perfeccionismo, ansiedade...

Se a pessoa apresentar pelo menos três dessas crenças, provavelmente estará produzindo muito de seu stress, ansiedade e sofrimento pessoal. Por meio das crenças irracionais, percebe-se a realidade de maneira seletiva e parcial. Essas cognições criam altas expectativas ("eu tenho que", "eu deveria") que podem ou não ser atingidas, gerando assim distúrbios emocionais e stress.

### Como essas crenças se manifestam...

Principalmente por meio dos *pensamentos automáticos*, que são verbalizações (conversa interna), ou imagens encobertas, telegráficas, discretas e sentidas como plausíveis e razoáveis. Então, constantemente, sem perceber a pessoa se instrui e se treina nessas cognições distorcidas, gerando assim uma percepção depreciativa e negativa de si mesma.

No dia a dia interpretamos e julgamos todas as situações com as quais deparamos com essas nuanças de pensamento que, conforme sua intensidade, podem gerar ansiedade e stress ou uma resposta mais produtiva.

### Frustrações – armadilhas ou oportunidades de aprendizagem...

Como se pôde constatar, os estressores externos são muitos e às vezes inevitáveis, e a eles se somam as crenças irracionais que são a "fábrica particular de stress". Mas além desses aspectos existem alguns pensamentos que sutil e ardilosamente colaboram para aumentar as angústias e os dissabores que fazem parte da reação de frustração.

A vida das pessoas *não* é da maneira que elas preferem, pois bloqueios e inconveniências existem. As pessoas criam uma espécie de "controle virtual", ou seja, uma falsa sensação de poder controlar o mundo, a vida, as pessoas e as contingências, para que assim possam manter seu "espaço vital e de segurança" protegido. Esse espaço vital é o próprio contexto em que a pessoa vive, sua família, trabalho, cidade, casa, amigos etc. e que podem ser "controlados" por serem conhecidos e previsíveis. E para manter esse "equilíbrio dinâmico", pois a vida está em movimento, as pessoas transformam os desejos, além dos desejos básicos de sobrevivência e felicidade, em *desejos fortes*, que são aspirações muito amplas e convertem-se em verdadeiras armadilhas para o bem-estar. Veja como apresentamos essa questão:

*Desejos fortes* - além dos desejos básicos de sobrevivência e felicidade:

> Ser muito bem-sucedido profissionalmente e em seus relacionamentos, ser perfeito, ter outras pessoas obedecendo e bajulando, ter saúde, estar livre de dor, ter apenas bons momentos e prazer ...

*E para isso transformam os desejos em deveres.* Deveres absolutistas, obrigações, comandos (*tenho que, devo...*):

> Em todos os tempos e condições deve desempenhar bem, ser amado ou aprovado por todos, ser bem controlado e autossuficiente, raramente ou nunca sofrer desconforto ou dor ou deficiências, evitar e dominar todos os perigos, ter seus dias repletos de satisfações notáveis imediatas.

Mas quando os eventos inevitáveis bloqueiam os desejos e deveres absolutistas, as pessoas se perturbam cognitivamente pois deparam com a *frustração*. E ruminam essas frustrações que se transformam em outras crenças "sutis e ardilosas": se alguém deseja ser bem-sucedido profissionalmente e para isso deve ter um bom desempenho e se por algum motivo isso não ocorre, é ruim e desagradável. Mas se alguém deseja ser *extremamente* bem-sucedido sem nunca fracassar e para isso deve ter um desempenho *perfeito* e se por algum motivo isso não ocorre, é horrível, uma tragédia tão grande que talvez nunca mais se recupere... Este tipo de interpretação, muitas vezes imperceptível, gera sofrimento e ansiedade demasiada. De outro modo, também temos essas crenças "sutis" quando alguém que se exige tanto e depara com as inevitáveis frustrações começa a se instruir com cognições negativas do tipo: "eu nunca consigo nada, não dou certo mesmo..." e então multiplica seu aborrecimento, ficando com raiva por seu fracasso, ansioso por seu stress, deprimido por seu desânimo. Ao tentar uma mudança, conclui que porque ficou assim muito tempo seus esforços em mudar são inúteis e desiste, perdendo a esperança. Põe-se para baixo por não mudar o bastante rápido e profundamente.

## Como tudo começa...

A formação dessas crenças irracionais inicia-se na infância por meio da família no processo de aprendizagem da criança. É inquestionável a importância dos pais no processo de desenvolvimento infantil, pois são os construtores de uma nova vida, formadores de valores e conhecimento, estruturadores de afetos e contribuintes dos inevitáveis conflitos, paradigmas e das crenças negativas e estressantes. O stress infantil tem como uma de suas causas internas as crenças irracionais, que nas crianças se manifestam, por exemplo, no desejo de agradar a todos, o medo de não ser bem-sucedido, preocupações com as mudanças físicas que estão ocorrendo, crenças religiosas envolvendo punição divina, autodúvidas quanto à inteligência, interpretações amedrontadoras de eventos comuns, além de timidez, baixa autoestima e ansiedade.

## Antídotos...

*E há remédio para tudo isso?!*

A seguir descrevem-se algumas técnicas que podem auxiliar a lidar com os pensamentos estressantes. A maioria das técnicas é baseada nos estudos de Albert Ellis, idealizador da Terapia Racional Emotiva, teoria na qual se baseiam o trabalho do Centro Psicológico de Controle do Stress e as pesquisas realizadas no Laboratório de Estudos Psicofisiológicos do Stress (PUC Campinas) - todos orientados pela dra. Marilda Lipp.

*1. Reestruturação cognitiva*

Utiliza uma abordagem educacional, encoraja a pessoa a aprender como os pensamentos irracionais traem e como por meio do método de "disputa" pode-se controlá-los.

Um resumo da técnica:
a) Elabora-se uma tabela contendo três colunas, como no exemplo:

| Situação | Pensamento | Reação – emocional/física |
|---|---|---|
|  |  |  |

Você deve fazer o registro durante uma semana, todos os dias, de todos os fatos importantes: na primeira coluna relate *uma* situação que o tenha estressado naquele dia; na segunda coluna descreva o que pensou no momento em que ocorreu a situação, tudo que tenha passado em sua cabeça; e na terceira coluna, a reação (choro, raiva, ansiedade...).

Então percebe-se que o que controla as reações emocionais são os pensamentos e o modo como se julgam as situações do dia a dia.

b) Cria-se uma nova tabela, agora com cinco colunas:

| Situação | Pensamento | Reação | Disputa/desafio | Efeito |
|---|---|---|---|---|
|  |  |  |  |  |

*Disputa/Desafio* é o questionamento que você deve fazer a cada pensamento irracional registrado na tabela anterior. O desafio é fazer perguntas racionais do tipo: Será que isso é tão ruim assim? Existe outra explicação para isso? Esse pensamento é real? Vai me ajudar a resolver o problema? Isso está me ajudando a ficar tranquilo? Cada pessoa pode ter seu próprio desafio, mas deve ser sempre uma "frase mental" racional, lógica, que tire a pessoa dos julgamentos e interpretações irracionais e coloque uma dose de bom senso e clareza nos seus pensamentos.

Transcreva o conteúdo das três colunas que você já tem e então, para cada situação/pensamento/reação, coloque um pensamento mais racional na coluna *disputa/desafio*; na verdade, você estará desafiando ou brigando com o seu pensamento irracional. A última coluna, *efeito*, é para depois que você praticar a reestruturação cognitiva: perceba os efeitos da mudança em seu sistema de crenças e registre esses ganhos. Para entender e absorver esses conceitos você deve colocar esses registros e desafios em prática por algumas semanas até que se tornem automáticos.

## 2. Dieta cognitiva

Essa técnica foi criada em cumplicidade com a professora doutora Corinta M. G. Geraldi, que deu uma contribuição significativa à questão *pedagógica* da técnica que é um facilitador para o entendimento e treino das bases da reestruturação cognitiva.

A "dieta cognitiva" é uma metáfora cujo objetivo é fazer com que a pessoa vivencie o contexto de modificação cognitiva com mais dedicação e atenção. A resistência à mudança é um forte impedimento, e qualquer técnica psicoterápica exige esforço e dispêndio de energia para que possa ser implementada. Quando o paciente vem à terapia, muitas vezes acredita que somente esse ato será suficiente para que num piscar de olhos ele se modifique. E na verdade, para que os efeitos sejam alcançados, o paciente necessita exercitar essas técnicas sistematicamente por um período variável de acordo com sua queixa.

Quem nunca fez dieta na vida? Então, quando se está em dieta é necessário modificar o "relacionamento" com a comida - no caso da dieta cognitiva, muda-se o relacionamento com os pensamentos. A pessoa pode ser "assediada" por guloseimas a qualquer momento, mas deve prestar atenção e se questionar – "será que posso comer isso?" Pode também ser assediada pelos pensamentos automáticos ou julgamentos absolutistas, mas deve se questionar: "será que devo pensar deste modo?" Com isso está se delineando *"o que posso pensar?!"* e reestruturando seu pensamento para uma forma mais racional. Usando ainda a comparação com a dieta alimentar, existem aqueles alimentos que a pessoa não pode comer - existem pensamentos que a pessoa deve impedir -, mas há alimentos que a pessoa pode consumir com moderação - existem pensamentos que até certo ponto são funcionais mas que podem se tornar exagerados e fazer mal. A pessoa estará delimitando *"o quanto posso pensar?"* (intensidade). Por exemplo, é comum as pessoas que sofrem de crises de ansiedade apresentarem sintomas físicos como dor no peito, tontura, falta de ar, entre outros. Se durante uma crise a pessoa sente dor no peito e pensa:"preciso ver o que é isso", este pensamento é funcional, pois pode estar ocorrendo algo grave e a pessoa deve se proteger. Mas se além desse pensamento ela acrescenta em sua interpretação:"que horror, isso só pode ser um ataque cardíaco, certamente vou morrer, não vou escapar…", imaginem as consequências - piora do quadro de ansiedade e na maioria dos casos, mesmo verificando que não é nada grave, ao se repetir esse sintoma a pessoa normalmente se descontrola, entra em pânico e via de regra culpa-se por não conseguir se controlar e se julga fraca.

Resumindo, a dieta cognitiva é uma metáfora que pode ser um facilitador no processo de introjeção de uma nova maneira de perceber o dia a dia.

3. *Quatro revelações da vida adulta.*

Imagine uma criança que continuamente recebe regras de sua família do tipo: "não seja desobediente, não grite, não faça isso", ou então "é horrível quando você faz isso, é muito feio falar alto, o que vão pensar?". Logicamente, a intenção da família é educar, colocar limites e proteger seu filho por meio desses "comandos", mas o problema está em que essa criança, além dessas regras, absorve outras tantas da escola e da sociedade de tal forma que, quando adulta, em algumas situações passa a se cobrar excessivamente e basear suas ações apenas naquilo que os outros esperam e não em função de suas percepções e desejos. Saudável seria que durante o processo do desenvolvimento humano as pessoas parassem e se questionassem: "quais dessas crenças e valores realmente me servem e eu desejo mantê-las por serem convenientes e funcionais?" Mas esse exercício de reflexão crítica dificilmente ocorre e observa-se que muitas pessoas sofrem desnecessariamente por se encontrarem presas a esses padrões muito rígidos.

As *quatro revelações da vida adulta* são na verdade um convite a essa reflexão crítica para que a pessoa conheça pelo menos "quatro verdades" da vida por meio dessa reestruturação cognitiva das áreas mais comuns de sofrimento interno.

- *A recompensa nem sempre existe.*

Quantas vezes as pessoas fazem cobranças aos outros por sentirem que fazem tanto e não são reconhecidas ou até mesmo por sentirem-se injustiçadas, mas não compreendem que esperar recompensa é uma expectativa pessoal e que na maioria das vezes não está explícita ou implicitamente declarada e firmada nos contratos de trabalho, nos "acordos" de relacionamentos interpessoais com chefes, maridos, esposas, filhos etc.

- *A razão nem sempre prevalece.*

Apesar de certas coisas parecerem óbvias, nem sempre as pessoas vão agir da maneira mais coerente e a razão nem sempre prevalece.

- *Nem sempre as pessoas vão tentar o máximo e fazer o melhor que podem.*

As pessoas às vezes esperam que os outros tenham a mesma dedicação e empenho que elas mesmas, ou seja, muitas vezes avaliam o comportamento e desempenho do outro tendo como referência o seu, o que é irracional porque nem sempre as pessoas vão ter o mesmo nível de comprometimento e até de desempenho que o esperado, pois esses critérios são muito individuais. Mas, mesmo assim, algumas pessoas sofrem esperando que os outros se comportem como elas desejariam.

- *Não existe um modo único e adequado de atingir as metas.*

Criar regras e padrões de procedimento pode ser um importante guia ou se transformar numa armadilha, pois uma "programação" é útil para nortear ações mas não pode ser uma "camisa de força" que obrigue a pessoa e seus pares a atingir as metas dentro de um único padrão, o que desmotivaria quem desempenha a tarefa, ameaçando a criatividade e a espontaneidade. E para quem supervisiona um stress também, já que a desmotivação do paciente poderia comprometer os resultados desejados.

- *Visão "tudo ou nada"*

Uma das maiores dificuldades em modificar um comportamento são os impedimentos criados por se acreditar que: "se sou assim, como me transformar em outro tipo?", "como deixar para trás este jeito?" Esta é uma perspectiva "tudo ou nada", "8 ou 80", em que a pessoa não consegue ter uma perspectiva das opções. Como as mudanças ocorrem? Experimentando, expandindo gradualmente suas experiências. Assim ocorre com os pensamentos estressantes. A ideia não é que a pessoa se torne um robô, insensível, que só pense racionalmente sem emoções, mas que possa encontrar entre o 8 e o 80 um critério de intensidade para avaliar as situações que sejam um pouco mais confortáveis. Neste caso, a menor distância entre dois pontos não é uma linha reta e sim pequenos degraus que cada um escala passo a passo até atingir o patamar desejado, lembrando sempre que a própria pessoa é o autor de seu *script* pessoal.

## Finalmente...

Esta breve descrição foi uma tentativa de proporcionar um pouco de conhecimento de que não só o stress causado por fontes externas pode sabotar a felicidade, mas os velhos pensamentos conhecidos e a "conversinha" interna podem gerar desconforto ou até piorar o stress que inevitavelmente todos enfrentam. As técnicas descritas são uma rápida e resumida visão de que existem saídas práticas para modificar-se o padrão dos pensamentos disfuncionais, mas é importante tornar claro que essas recomendações não substituem a psicoterapia; para os casos em que o sofrimento é intenso ou existem fortes dificuldades de mudança de postura, é altamente recomendável que a pessoa procure ajuda psicológica especializada na área do stress para que possa se libertar de um sistema de crenças muitas vezes opressor, desenvolver mais seu autocontrole, diminuir suas fontes internas de stress e com isso contribuir com suas chances de alcançar a tão sonhada *felicidade*!

Tenha bons pensamentos!

## Referências bibliográficas

ELLIS, A. The impossibility of achieving consistently good mental health. *American Psychologist*. v. 42 (4), 1987, pp. 364-375.

LIPP, M. E. N. *Pesquisas sobre stress no Brasil*. Campinas: Papirus, 1996.

WALEN, S. R.; DIGIUSEPPE, R.; WESSLER, R. L. *A praditioners guide to rational emotive therapy*. Oxford University Press, 1980.

## *A ansiedade do dia a dia*

# A ANSIEDADE DO DIA A DIA

*Angela M. B. Biaggio*

Quantas vezes nos sentimos ansiosos, com uma sensação desagradável de mal-estar, como se estivéssemos esperando que alguma catástrofe pudesse acontecer a qualquer momento? É um sentimento de medo, não se sabe bem do que, nem se sabe o que se deve fazer, embora se tenha uma ideia do que nos deixa assim.

Muitas vezes nos sentimos ansiosos diante de um exame na escola, um vestibular, uma ida ao médico, ou perante uma possível reação do chefe no trabalho, ou ainda por causa de nossa situação financeira.

A ansiedade é um sentimento difuso de medo, diante de algo que não sabemos exatamente o que é, e para o qual também não temos uma resposta precisa. Quando temos medo de alguma coisa, fugimos dela. Se eu tenho medo de cachorro, fujo deles, ou evito confrontar-me com eles. Já a ansiedade pode nos deixar parados, sem saber o que fazer. Altos níveis de ansiedade frequentes podem nos deixar estressados. Assim, a ansiedade, o medo e o stress estão relacionados entre si.

S. Epstein define a ansiedade como um estado desagradável de excitação difusa que se segue à percepção de uma ameaça. De acordo com este autor, a ansiedade é provocada por três condições básicas: a *superestimulação* (excitação demasiada provocada por estímulos quaisquer), a *incongruência cognitiva* (isto é, as coisas não fazem sentido, não "fecham"), e a *não disponibilidade de respostas* (ou seja, a pessoa não sabe o que fazer).

O medo e a ansiedade se distinguem pelo tipo de respostas que geram. O medo é uma situação em que o alto nível de excitação leva à fuga, enquanto a ansiedade é um estado de "medo não resolvido". A indecisão, o conflito e as pressões externas geram reações de ansiedade. A *expectativa* de que algo ruim pode acontecer também caracteriza a ansiedade.

Freud considerava a ansiedade diferente dos outros estados afetivos desagradáveis como a raiva, a tristeza, o desgosto, por causa de uma combinação única de experiências e de reações fisiológicas. As experiências são de apreensão, tensão ou pavor. As reações fisiológicas podem ser tremores, palpitações do coração, suor, inquietude, distúrbios de respiração. Freud se referia a isso tudo como "nervosismo". Algumas pessoas nascem com uma tendência do sistema nervoso para serem mais ansiosas na maioria das situações ameaçadoras. Spielberger, outro especialista em ansiedade, chama isso de *traço de ansiedade*. Ele se baseou na distinção criada por um psicólogo mais antigo, Cattell, entre traço e estado. Os indivíduos que têm um alto traço de ansiedade costumam ficar em um *estado* de ansiedade mais exacerbado em situações ameaçadoras, especialmente em situações em que a pessoa se sente avaliada quanto a suas capacidades (trabalho, escola). O traço de ansiedade está relacionado com o estado de ansiedade, mas enquanto o traço é mais estável, mais crônico, o estado é momentâneo. Assim, mesmo uma pessoa que tem um traço baixo de ansiedade pode ficar em um estado de alta ansiedade, se a situação for muito séria para ela, por exemplo, diante de um incêndio, de um acidente envolvendo familiares, perspectiva de perder o emprego e muitas outras situações. Da mesma forma, uma pessoa com alto traço de ansiedade pode se manter calma diante de uma situação difícil.

Embora o traço de ansiedade seja mais estável e constante do que o estado de ansiedade, ele também pode ser modificado. Mesmo que você tenha uma tendência a ficar ansioso(a) na maior parte das situações, tentar manter o estado de ansiedade sob controle acaba diminuindo o seu traço de ansiedade também, porque esses dois aspectos são correlacionados, embora distintos.

Como quase tudo no ser humano, as crianças desenvolvem ansiedade, em parte porque sua constituição genética pode predispô-las a isso, e em parte porque o ambiente em que foram criadas facilitou essa aprendizagem de ansiedade. Não podemos fazer nada quanto às causas genéticas da ansiedade, isso nos é dado no momento da concepção, e as ciências biológicas não sabem (ainda) como alterar isso. Todos temos um pouco de ansiedade, até porque isso nos é dado filogeneticamente, isto é, nossos antepassados primatas e os primeiros homens necessitavam ter algum medo e ansiedade, o que lhes permitiu sobreviver aos perigos do ambiente primitivo em que viviam, podendo ser atacados por outros animais e correndo toda espécie de riscos.

Não seria bom uma pessoa não ter ansiedade, pois ela ficaria tão tranquila que não tomaria medidas para se defender dos perigos. Fisiologicamente, a ansiedade e o medo aumentam a produção de determinados hormônios e substâncias, como a adrenalina, que nos fazem fugir ou lutar contra situações adversas.

A aquisição ou aprendizagem da ansiedade ocorre no ambiente em que a pessoa se desenvolve. Pais ansiosos, sem querer, transmitem sua ansiedade aos filhos, por meio de processos como a identificação ou a imitação, isto é, os filhos frequentemente se tornam parecidos com os pais ou pessoas com quem convivem, quanto a suas reações emocionais. Uma criança percebe a ansiedade em que sua mãe fica quando ela cai e se machuca, ou tem febre, e pode assim desenvolver uma ansiedade generalizada com relação à sua saúde e integridade física. Ou uma criança percebe se seus pais apertam sua mão com mais força ou se retraem ao cruzar com um cachorro na rua, e com isso a criança também pode ficar com medo de cachorros e outros animais. Embora seja difícil esconder a ansiedade, e fingir não seja uma boa atitude, seria desejável que os pais conseguissem se controlar e demonstrar de forma mais discreta sua ansiedade, para evitar transmiti-la aos filhos.

Parece que um pouco de ansiedade é desejável, mesmo em situações de aprendizagem. Um pouco de ansiedade com relação a notas escolares, à aprovação da professora e dos pais motiva a criança a estudar, além de estimular seu interesse por aprender. Mas, veja bem, estamos falando de só um pouquinho de ansiedade. A ansiedade demasiada, porém, é muito prejudicial em qualquer situação, seja de aprendizagem, seja uma situação social ou uma catástrofe em que a pessoa tem melhores resultados se mantiver a calma relativa, apropriada à gravidade da situação. O que estamos dizendo é que um grau médio, moderado, de ansiedade é o melhor, pois imagine uma pessoa que, ao ser avisada de que o edifício em que mora pode ruir a qualquer momento, fica tão tranquila que não providencia sair dali com sua família e, se possível, retirar seus pertences. Por outro lado, uma pessoa que fique tão ansiosa que não consiga fazer nada a respeito também provavelmente se dará mal. Na escola, um pouquinho de ansiedade leva a criança a estudar, porém a ausência total de ansiedade pode deixá-la apática e desinteressada. Da mesma forma, ansiedade muito elevada conduz à falta de concentração, distrações, a criança não presta atenção no que o professor fala e comete "enganos" nas tarefas. O próprio desempenho da pessoa num teste de inteligência ou no vestibular pode ser prejudicado por excesso de ansiedade.

## Quais são as coisas que podem nos deixar ansiosos no dia a dia?

Desde que acordamos a cada dia, a ansiedade pode ir-se acumulando: toca o despertador, pula-se da cama, muitas vezes já ansiosos com o horário e com todas as coisas que temos de fazer em casa antes de sair para a escola e para o trabalho. "Será que chegarei a tempo? Será que vou me sair bem na escola hoje? E no trabalho, será que o/a chefe vai aprovar a maneira como fiz determinado relatório, determinada tarefa? Será que meu filho vai ficar bem na escola, ou vai chorar e não vai querer ficar no jardim de infância?" Depois, vem o eterno problema do trânsito, engarrafamentos, e às vezes até uma pequena batida, a discussão com o outro motorista, "será que o seguro vai pagar o prejuízo?" Sai do trabalho, "ah!, hoje tenho dentista, será que vai doer? Vou chegar tarde em casa, será que meu esposo(a) ou meus pais vão ficar chateados com isso?" De noite, um bilhete da professora, "meu filho não está indo bem na escola, será que não vai se alfabetizar? O que será da carreira dele, do futuro dele?"

## O que podemos fazer para controlar tantas fontes de ansiedade?

A psicologia tem desenvolvido várias técnicas que podem ajudar as pessoas a lidar melhor com suas ansiedades. Algumas requerem um tratamento demorado e buscam causas inconscientes e traumas antigos que explicariam essas ansiedades. Essas técnicas são a psicanálise e os diversos enfoques denominados psicodinâmicos. Outras são mais práticas, rápidas e lidam com os problemas concretos do dia a dia. Estas, cujas origens remontam aos trabalhos de psicólogos como Aron Beck e B. F. Skinner, são conhecidas como terapias cognitivas e comportamentais. Veja alguns princípios dessas técnicas, que você mesmo pode utilizar para lidar com sua ansiedade e melhorar sua qualidade de vida.

Como dissemos anteriormente, muitas ansiedades são adquiridas por imitação ou identificação. Da mesma forma, você pode diminuir a ansiedade espelhando-se em modelos de pessoas que não apresentam ansiedade em situações semelhantes. Assim, uma criança que tem medo de nadar poderá diminuir sua ansiedade se tem a oportunidade de ver outras crianças ou adultos que não demonstram essa ansiedade na piscina. Ou, ainda, uma criança com medo de animais poderá diminuir essa ansiedade ao ver outras crianças que tocam e brincam com cachorrinhos, coelhinhos e outros animais pequenos. Um adulto também poderá diminuir sua ansiedade de falar em público vendo outros colegas de universidade apresentarem trabalhos oralmente na sala de aula. Você pode pensar consigo mesmo: "se ele está fazendo isso, eu também posso."

Outras técnicas apelam para reações fisiológicas. Respirar fundo é uma técnica que alivia muito a ansiedade. Há tipos de comportamentos que são incompatíveis uns com os outros, isto é, você não pode estar com os músculos relaxados e ao mesmo tempo sentir-se ansioso; assim, todas as técnicas de relaxamento físico são boas para diminuir a ansiedade de uma pessoa. Os exercícios físicos, como caminhadas, natação e outros também ajudam a relaxar. Procure afastar os pensamentos negativos que o preocupam, forçando-se a pensar em outras coisas, quando estiver ansioso e preocupado com alguma coisa sobre a qual você não tem controle e ainda não pode resolver ou ter uma resposta.

Tentar dominar situações que nos causam ansiedade, gradualmente, passo a passo, também é uma boa técnica. Se fico muito ansioso(a) por falar em público, posso experimentar dizer alguma coisa para um grupo de meia dúzia de amigos, depois numa reunião com um número um pouco maior de colegas, até chegar ao ponto de poder fazer uma palestra com microfone em auditório para um grupo bem maior. Não devemos, é claro, viver nos atirando em situações que nos causam grande ansiedade, apenas para nos testar. Correr riscos o tempo todo não é necessário nem saudável, porém não devemos cair no outro extremo, de evitar ou fugir de todas as situações que nos deixam ansiosos. Enfrentar certas situações criadoras de ansiedade, principalmente quando são necessárias, é importante, não só porque são necessárias, como apresentar-se periodicamente para revisões médicas ginecológicas, cardiológicas ou odontológicas, mas também porque ao enfrentá-las sentimos certo sabor de vitória, de que fomos capazes de enfrentar a situação que nos assustava e superá-la. Sair do consultório de um dentista é quase sempre reforçador ou gratificante, ou porque saímos confiantes de que está tudo bem, ou porque o tratamento elimina a dor que sentíamos. Da mesma forma, se a pessoa tem medo de uma situação social, como falar em público, ou mesmo de ir a uma festa e não conseguir se enturmar, se ela nunca tentar isso nunca perderá a ansiedade de fazer esse tipo de coisa. Mas se conseguir se esforçar um pouquinho e for a uma festa, poderá ter a oportunidade de ver que não foi tão difícil ser aceita e divertir-se. Assim, o comportamento de ir à festa ficará reforçado e da próxima vez que for convidada ela não ficará mais tão ansiosa. Isso ocorre em várias outras situações, como o medo de viajar de avião ou de falar em público, de ir ao médico ou de realizar qualquer tarefa.

Nós somos seres inteligentes, que raciocinamos. É importante pararmos para pensar: "Por que estou tão ansioso nesta situação? O que poderá acontecer se tal coisa não der certo? Será que é mesmo o fim do mundo se eu não passar nessa prova? Ou se eu me atrasar hoje para o trabalho? Não haverá coisas muito piores do que isso?" No interessante livro *Não faça tempestade em copo d'água*, o autor Richard Carlson mostra como muitas vezes nos afobamos por coisas que não são realmente sérias. Ficamos aborrecidos com pequenas críticas, ou porque perdemos algum objeto, ou porque a empregada não limpou bem a casa. Ele aconselha a não fazermos tempestades em copos d'água e lembra que quase tudo na vida são copos d'água. Uma coisa interessante para a qual esse autor chama a atenção é que muitas de nossas ansiedades têm origem em coisas que ainda não aconteceram, e que talvez nem aconteçam, mas que nos desgastam tanto. Ele diz: "já experimentei muitas tragédias na vida; felizmente pouquíssimas delas realmente aconteceram.". Por isso, os ditados "não ponha a carroça na frente dos bois" ou "não atravesse as pontes antes de chegar a elas" representam lembretes que podem nos poupar de muitas ansiedades.

Há muitas coisas que podemos fazer na organização de nossas atividades para ajudar a diminuir a ansiedade. Por exemplo, se começo o dia ansioso(a) por causa do receio de me atrasar, é melhor programar o despertador para despertar quinze minutos mais cedo. "Quinze minutos de sono a menos não vão me deixar tão fatigado assim durante o dia. Poderei assim organizar melhor as coisas de manhã, antes de sair de casa e evitar a ansiedade de pensar que vou perder o ônibus que me permite chegar ao trabalho a tempo, ou que vou me atrasar devido a um engarrafamento de trânsito." Em um engarrafamento, procure ouvir música no rádio e relaxar, já que você não poderá mesmo passar por cima dos outros carros, e buzinar, irritar-se ou brigar com os outros motoristas não vai resolver o seu problema. Procure organizar seus estudos ou seu trabalho de maneira a não deixar tudo para a última hora. Muitas vezes passamos vários dias adiando a execução de uma tarefa, preocupando-nos com ela, e nos afobamos quando falta pouco tempo para o prazo de entrega. Procure "atacar" esse tipo de atividade logo, para poder relaxar depois; deixá-la pendente tirará até o prazer dos momentos em que você não estará se dedicando a ela, pois não conseguirá se descontrair e se divertir porque estará preocupado com isso.

Por exemplo, você tem um trabalho escolar ou uma tarefa a ser entregue na segunda-feira, que considera difícil ou desagradável e quer primeiro curtir o fim de semana. Você nem consegue se sentir totalmente descontraído nas diversões de sábado e domingo porque lá no fundo há aquela preocupação. E então na noite de domingo vem a ansiedade ou até a depressão, e a afobação pelo pouco tempo que resta. Não teria sido melhor ter trabalhado nesse compromisso talvez no sábado à tarde, para ter o restante do fim de semana realmente descansado e prazeroso?

Também não podemos ser ingênuos e pensar que não há situações na vida que são realmente graves. Mas se conseguirmos passar por elas com menos ansiedade, poderemos encaminhá-las de forma mais adequada, mesmo sendo situações de doença, perdas sérias e até mesmo a morte. Se você viu o filme *Patch Adams – o amor é contagioso*, uma biografia baseada em fatos reais, deve lembrar que um médico afetuoso e com excelente senso de humor conseguiu fazer um paciente terminal agressivo e malhumorado enfrentar a morte e despedir-se da família com aceitação e tranquilidade, apesar de todo o sofrimento envolvido. Neste sentido, há uma oração conhecida, que contém muita sabedoria: "Meu Deus, dai-me força para mudar as coisas que posso mudar, paciência para tolerar aquelas que não posso mudar e sabedoria para distinguir entre os dois tipos de situação". Se seguirmos esse princípio, poderemos melhorar muito nossa qualidade de vida. Se você acha que não consegue seguir esses princípios sozinho(a), procure a ajuda de um profissional. Um psicólogo ou profissional de área afim poderá ajudá-lo a pôr em prática certas medidas que vão diminuir sua ansiedade.

## Referências bibliográficas

BECK, A. T.; WARD, C. H.; MENDELSON, M.; MOCK, J.; ERBAUGH, J. An inventory for measuring depression. *Archives of General Psychiatry*, 1961, pp. 561-571.

CARLSON, Richard. *Não faça tempestade em copo d'água*. Rio de Janeiro: Rocco, 1998.

EPSTEIN, S. The nature of anxiety with emphasis upon its relationship to expectancy. In C. D. SPIELBERGER (Org.). *Anxiety: Current Trends in Theory and Research*. v. II. New York and London: Academic Press.

FREUD, S. *Collected papers*. v. I. London: Hogarth Press, 1934.

SKINNER, B. F. *Verbal Behavior*. New York: Appleton-Century Crofts, 1957.

SPIELBERGER, C. D. Anxiety as an emotional State. In C. D. SPIELBERGER (Org.). *Anxiety: Current Trends in Theory and Research*. New York and London: Academic Press, 1972, pp. 24-47.

## *Valores e princípios: aprendi assim...*

# VALORES E PRINCÍPIOS: APRENDI ASSIM...

*Suely Sales Guimarães*

O stress é uma consequência inevitável do processo de viver, sem o qual não haveria a própria vida. Capaz de causar doenças e de comprometer a qualidade de vida, o stress demanda um aumento na quantidade de energia consumida pelo organismo e produz reações bioquímicas típicas, que auxiliam a modificação do evento estressor ou a acomodação do organismo a seus efeitos.

Como resultado do stress, uma pessoa pode, por exemplo, mostrar um aumento proporcional de produtividade, mas, a partir de determinado nível ou do tempo de duração o stress passará a prejudicá-lo, reduzindo sua produtividade. O limite a partir do qual o padrão de resposta ao stress varia é único para cada pessoa, conforme suas características e peculiaridades exclusivas. Uma pessoa não alcança o desempenho total ou pleno, conforme seu potencial, se estiver em situação de stress. A resposta estressada, desprazerosa, leva a pessoa a fazer escolhas pobres e menos elaboradas. A sequência de informações em processamento pelo organismo pode ser prematuramente interrompida, resultando em julgamentos e escolhas equivocadas. Isso, de certa forma, é um recurso do organismo para aliviar o desgaste gerado pelo stress o mais rápido possível e favorecer seu retorno ao estado de equilíbrio. Um estudo adequado do stress requer um enfoque que inclua o organismo em questão, os eventos estressores e a relação entre ambos.

## Respostas corporais a estados psicológicos

Para compreender nossas reações a eventos externos e o impacto dessas reações em nossa saúde, comportamento e qualidade de vida, devemos considerar que nossos pensamentos ou sentimentos são tão importantes quanto nossas ações. Por sentimentos estamos nos referindo às reações emocionais que apresentamos diante de coisas, pessoas, acontecimentos ou situações. Todas as nossas respostas, inclusive as emocionais, têm estados corporais correspondentes, que são produtos de nossa experiência com eventos ambientais. Por exemplo, quando falamos, o sistema musculoesqueletal e o sistema nervoso ficam em um estado particular, que varia conforme as palavras são articuladas. Se dissermos "bom dia!", nossos músculos necessários à emissão desta frase assumem determinada posição, que muda à medida que prosseguirmos dizendo "desculpe-me pelo atraso!". Da mesma forma, se temos reações emocionais, alguns estados corporais também acompanham essas reações. Isso ocorre porque as emoções também são comportamentos, chamados privados, por serem uma experiência particular que ocorre "dentro da pele" do organismo em questão, ao contrário dos eventos públicos, que podem ser observados por todos como o falar e o sorrir. Assim, as emoções, como qualquer comportamento, têm seus correlatos orgânicos ou físicos correspondentes, como batimento cardíaco, dilatação da pupila, constipação dos vasos sanguíneos, secreção glandular e contração muscular.

O stress é definido como uma reação física e emocional às demandas adversas impostas a um organismo por condições difíceis chamadas estressoras, que podem incluir ruídos, relações familiares ruins, procura por emprego, perda de objetos e excesso ou insatisfação no trabalho, para citar alguns exemplos. Essa definição de stress aponta para a característica mais importante do estressor, que é sua qualidade personalizada, dependente do organismo em questão. Um fato estressor para uma pessoa pode ser neutro para outra; ou pode ser estressor para uma pessoa em certas circunstâncias, mas não em circunstâncias diferentes. Além disso, diferentes predisposições biológicas ou sensibilidades a uma variedade de estressores, adquiridas por aprendizagem desde a infância, fazem com que uma pessoa responda mais negativamente do que outra a eventos reconhecidos por ambas como estressores.

Os estudos sobre stress apontam uma série de estressores que podem ser chamados de "universais", porque são eventos em geral estressantes para a maioria das pessoas. Nessa categoria incluem-se, por exemplo, as mortes em família, separações, doenças crônicas, desemprego e congestionamento de trânsito. Entretanto, um fato potencialmente estressor é definido como um estressor real a partir da reação do organismo a este fato. O que gera stress em uma pessoa é o modo como ela reage à situação. Essa reação, por sua vez, depende de variáveis pessoais como temperamento e experiências passadas e do modo como essas variáveis influenciam na interpretação que a pessoa faz do fato. Segundo o pesquisador Richard Lazarus, as variáveis cognitivas (pensamento) que afetam a interpretação dos fatos potencialmente estressantes são mais importantes do que os próprios fatos. Em outras palavras, estamos dizendo que não é o fato em si que desencadeia o stress, mas a percepção que a pessoa tem da situação como um todo. A percepção de estímulos ou eventos estressores é feita a partir de dois pontos básicos:

1. O reconhecimento de ameaças, perigos potenciais e desafios nesses estímulos.
2. A avaliação das próprias aptidões para lidar com essas variáveis adversas e ameaçadoras.

Assim, o significado do evento para uma pessoa, baseado na percepção que ela tem da ameaça, de sua própria vulnerabilidade e habilidade para enfrentar a situação é mais importante para o entendimento do stress do que as características do evento em si. Para os pesquisadores Lazarus e Folkman (1984), o stress é "uma relação particular entre a pessoa e o ambiente que é avaliado pela pessoa como desgastante ou superior a seus recursos de enfrentamento e ameaçador a seu bem-estar" (p. 19). Mesmo em circunstâncias extremas, as consequências do stress não podem ser entendidas apenas em termos do evento estressor. Os acontecimentos são sempre imbuídos de significado pessoal e circunstancial, de modo que o mesmo evento pode ser visto como uma catástrofe por uma pessoa e como um aborrecimento menor por outra pessoa.

## Valores e princípios

Valores e princípios são conceitos adquiridos no convívio da pessoa com os diferentes grupos aos quais pertence. Desde a tenra idade, a criança aprende, com seus pais e familiares, o padrão de comportamento típico apresentado por aquelas pessoas. Os costumes, hábitos e valores da família começam a ser reproduzidos pela criança, que repete o que vê no seio da família e é parabenizada ou aprovada por exibir comportamentos considerados adequados, ou desejáveis. Ao mesmo tempo, a criança é punida ou desaprovada quando se comporta de modo considerado inaceitável. Em geral a criança não apresenta comportamentos novos, diferentes daqueles presentes em sua família, a não ser mais tarde. Quando observa valores diferentes em outras pessoas e grupos, começa a questionar seus valores antigos, e aprende que é autônoma para mudar. Quando aprende os códigos sociais adotados pelo seu meio, a criança também se torna mais consciente dos costumes e princípios da sociedade. Na idade escolar, em torno dos sete anos, a criança não apenas entende as convenções sociais e princípios éticos como também distingue entre eles. Por exemplo, o pesquisador Elliot Turiel mostrou que uma criança de oito anos, solicitada a descrever as regras que conhecia, disse que era esperado que as pessoas organizassem qualquer bagunça feita por seus hóspedes, mas que essa regra poderia ser modificada, se seus pais assim determinassem. Descrevendo outra regra, a criança disse que crianças não deviam machucar umas às outras e que esta regra não poderia ser modificada porque machucar os outros é sempre errado. Essa criança também apontou que a regra contra o roubo não poderia ser modificada e que todas as pessoas que não possuem bens deviam possuir algumas coisas, mas não obtidas por roubo.

Os organismos são diferentes porque têm características distintas e histórias únicas. Ao longo da vida, as pessoas são confrontadas com muitas situações que demandam a escolha de um comportamento entre várias possibilidades. A escolha feita tem sempre uma consequência e algumas delas são mais adaptativas e benéficas do que outras. As escolhas e ações de uma pessoa podem ser governadas por regras preexistentes ou modeladas por suas consequências.

Regras são elementos poderosos, que permitem uma forma específica, indireta e convencional de controle, por meio de consequências sociais remotas, mas eficazes. Regras são poderosas o suficiente para produzir rigidez comportamental e tornar ineficazes outras fontes de controle. Crianças muito pequenas se comportam conforme as consequências de seus comportamentos, mas gradualmente, até os sete anos, já começam a apresentar um padrão de respostas mais parecido com o do adulto, comportando-se de acordo com normas e regras. A criança aprende que, em determinadas situações, este ou aquele comportamento é apropriado e resultará em consequências positivas. As pessoas também produzem regras próprias sobre como se comportar para serem bem-sucedidas, bem aceitas, independentemente da consequência imediata do comportamento em questão. Às vezes as pessoas não recebem aprovação ou consequência positiva imediata, mas continuam a se comportar da mesma forma, na expectativa de que as consequências favoráveis ocorram em algum momento, conforme diz a regra e já aconteceu no passado.

Muitas vezes as pessoas se comportam de acordo com valores e princípios assumidos ao longo da vida, que podem já não representar seus valores nem seus interesses e objetivos atuais. Outras vezes, as pessoas percebem sua insatisfação e o peso de arcar com certos padrões de comportamento "corretos", mas não se julgam no direito de optar por um comportamento diferente. Esses comportamentos "corretos" são adotados conforme as regras assumidas como necessárias à aprovação social e ao bem-estar do organismo. Grande parte das regras norteadoras de nossos princípios morais foi aprendida por suas consequências gratificantes em momentos passados, em uma realidade que já não existe. Ao longo da vida somos expostos a muitas regras, como "você deve fazer todas suas tarefas ou terá notas baixas no boletim"; "obedeça sempre, para receber seu presente de Natal", "comporte-se como esperado para ser bem aceito". Quando essas regras são acuradas, segui-las ou não resulta nas consequências previstas e as pessoas aprendem a se comportar conforme o determinado. Esse aprendizado desencadeia o processo de formação de valores e princípios que podemos seguir a vida toda sem questionar. Alguns comportamentos, governados por essas regras são mantidos mesmo que resultem em consequências negativas para a pessoa, porque foram assumidos como verdades a serem preservadas e respeitadas. Entretanto, em muitas situações, o que foi verdadeiro no passado já não o é no presente ou, mesmo que seja verdadeiro em certas circunstâncias, não o é em outras.

As pessoas podem formular e seguir regras inacuradas, irrealísticas ou ineficazes, podem deixar de seguir regras que levam a consequências benéficas ou desejáveis e podem ainda seguir regras que levam a consequências danosas. É importante formular e seguir regras eficazes e funcionais, que sustentem valores e princípios adequados e produtivos. É importante também observar as consequências que de fato ocorrem a partir do seguimento ou não de determinada regra. Muito do stress que experimentamos é resultado do seguimento de regras por preocupação ou medo, ou pela necessidade de agradar pessoas que podem ter certas expectativas em relação a nosso comportamento. O pior é que, em geral, esse seguimento inadequado de regras é feito sem questionamento das consequências, eficácia, ou mesmo da razão das regras seguidas.

Todos têm o direito de questionar seus valores e princípios – e as regras mantenedoras – em cada situação da vida, para decidir o que de fato precisam, desejam e têm condições de realizar. O processo natural do desenvolvimento humano coloca as pessoas em diferentes contextos de experiência e aprendizado, que resulta na mudança de seus interesses, potencial e perspectivas diante da vida. Assim sendo, valores e princípios devem ser consistentes com a realidade e expectativas de cada pessoa, para preservar a harmonia de seu organismo e a compatibilidade entre o fazer, pensar e sentir.

## Mudando valores e vivendo mais feliz

A resposta biológica do stress – a reação do corpo – tem sido denominada "reflexo de defesa", "reação de luta ou fuga", "reação de alarme". Todas essas expressões sugerem um caráter adaptativo do stress que, pelo menos de início, permite ao organismo se preservar das ameaças percebidas. A repetição ou alta intensidade de respostas de stress, excedendo as demandas objetivas da situação, pode se tornar um grande fator de risco para a saúde.

As várias formas de enfrentar um estressor incluem sua remoção, negação, reavaliação e fuga. Alguns estressores não podem ser removidos porque são externos, independem da vontade ou ação da pessoa atingida e requerem outra técnica de manejo. Mas quando o controle do estressor está ao alcance da pessoa, como no caso de estressores associados a valores e princípios, ele pode ser atacado de frente, reavaliado e removido.

Todas as pessoas desenvolvem crenças sobre o poder de controle que têm sobre o mundo e o quanto são controladas por fatores externos (essas crenças também são um tipo de regras). Esses julgamentos são importantes porque coisas percebidas como fora de controle são mais estressantes. Acreditar no controle e poder de decisão sobre o próprio destino é um forte redutor de stress. Quem assume que o mundo é terrível e injusto comporta-se dentro dessa perspectiva e conforme a percepção que tem; as consequências, naturalmente serão resultado desse comportamento. É a influência recíproca entre o homem e seu meio físico, social e emocional.

Nossa percepção é baseada no mundo que nos circunda e há uma relação entre o que percebemos e o que nos acontece. Entretanto, nossa percepção não é sempre precisa. Às vezes pensamos que somos mais eficientes do que realmente somos, comparados com os outros. Pessoas deprimidas tendem a pensar que são piores e fazem julgamentos negativos sobre o mundo, porque acreditam que elas e suas vidas são "diferentes". O que há de benéfico em pensar que somos eficazes, ou mais eficazes do que de fato somos, é que isto pode favorecer nossa determinação, disposição de correr riscos e de vencer.

As pessoas desenvolvem métodos ou recursos pessoais para lidar com o stress, chamados estilos de enfrentamento. Para alguns pesquisadores, o estilo de enfrentamento está associado a níveis específicos de sucesso. O enfrentamento centrado nas reações emocionais, por exemplo, não resolve os problemas que causam stress, por isso é considerado um método menos eficaz, de certa utilidade apenas quando as pessoas de fato não têm controle sobre a situação.

Na verdade, cada um de nós tem razoável controle sobre a maioria das situações que vive, o que é chamado autoeficácia. A autoeficácia ajuda as pessoas a determinar sua reação emocional e suas condições de enfrentamento em uma situação estressante. Quanto mais eficaz uma pessoa se considera, menos frustrada fica e melhor enfrenta as situações. Essas pessoas sentem que podem resolver a maioria de seus problemas e não se frustram caso não consigam. O sucesso da autoeficácia implica pelo menos cinco procedimentos básicos:

1. Desenvolver uma orientação geral para reconhecer o problema.
2. Definir as especificidades do problema e determinar o que precisa ser resolvido.
3. Gerar planos de ação alternativos que possam ser utilizados para resolver o problema e alcançar os objetivos desejados.
4. Decidir entre as alternativas por meio da avaliação de suas consequências e dos ganhos e perdas relativas.
5. Verificar os resultados do processo decisório e determinar se a alternativa selecionada está levando aos resultados desejados.

O manejo do stress requer um treino para prevenir ou aliviar o próprio stress e prevenir as formas disfuncionais de enfrentamento. Da mesma forma que o stress, seu manejo também é um processo personalizado, em que a avaliação e as técnicas desenvolvidas devem ser adequadas a cada pessoa, buscando as origens e os fatores que mantêm o stress e o enfrentamento inadequado. O caráter subjetivo desse treinamento muitas vezes implica a necessidade de intervenção profissional. Entretanto, alguns cuidados e atenção podem ser úteis para todas as pessoas e algumas modificações podem ser realizadas por todos, segundo sua própria avaliação e decisão. Alguns aspectos da vida podem ser melhorados e outros estressores removidos sem que alguém precise abrir mão de sua integridade e de sua postura correta diante da vida e das pessoas.

**Práticas saudáveis**

Assumir muitas tarefas e ter um forte e constante sentimento de urgência é comum a várias pessoas que se tornam, em consequência, irritadas quando algo ou alguém diminui seu ritmo. Se essa é uma situação na qual você se reconhece, faça a si mesmo algumas perguntas cujas respostas vão apontar o valor e eficácia reais desse comportamento:

- O que vai acontecer de pior se você assumir menos tarefas e distribuí-las ao longo do tempo disponível, preservando inclusive seu horário de descanso e lazer?
- Se você reconhece que de fato precisa se sobrecarregar de trabalho, isso não sugere que são necessárias outras pessoas para realizar adequadamente essas tarefas? Isso implicaria despesas extras? Seriam essas despesas menores ou maiores do que aquelas resultantes de seu mal-estar e dos custos de sua saúde?
- No cômputo geral dos resultados que envolvem seu trabalho, ele está concluído depois que sai de suas mãos? Se não está, as outras instâncias terão a mesma prontidão que você para continuar o processo ou é possível que a partir daí o ritmo mude? Sua urgência e sua sobrecarga fazem de fato diferença para o produto final? Se a diferença não for grande talvez você possa se permitir reconsiderar a necessidade de manter esse padrão de trabalho.
- Outras pessoas com sua mesma posição e responsabilidade assumem esse número de tarefas? Se não, essas pessoas valem menos a seus olhos? O que as faz diferentes de você?

Permita-se mudar e aceite as mudanças que a vida traz. Veja as mudanças como novas oportunidades. Avalie cada uma cuidadosamente. Você não tem que gostar de todas ou assumir todas elas. Diga "não" algumas vezes. Você se sentirá bem pela coragem de se impor e por abortar a

demanda estressante sobre você. Pergunte-se também "por que", quando assumir situações reconhecidamente estressantes. Se a resposta for "porque aprendi assim", ou "porque foi sempre assim" ou "porque assim é o certo", reconsidere o assunto e pergunte-se:
- Quando você aprendeu assim?
- Quando foi assim no passado, e quando foi considerado certo, as condições eram as mesmas de hoje? O resultado foi positivo e enriquecedor para as pessoas envolvidas?
- O que acontecerá se você fizer diferente?
- Que indicadores ou evidências você tem de que não pode mudar?

Estabeleça prioridades sensatas, elas traduzem o que queremos na vida. Há quatro passos que podem lhe auxiliar na tarefa de estabelecer uma hierarquia efetiva de prioridades:

1. Escreva cinco a sete prioridades nas cinco maiores áreas da vida: social, emocional, física, material e financeira.
2. Ordene e pondere as prioridades em cada grupo. Coloque a mais importante no alto.
3. Ordene e avalie a prioridade número 1 de cada uma das cinco áreas. Essas cinco prioridades são seus principais compromissos. Trabalhe nelas primeiro e mais.
4. Reveja sua lista mensalmente (ou semanalmente) e faça as revisões necessárias. Reconheça que as coisas são dinâmicas, variáveis. Ajuste as prioridades conforme as demandas atuais de sua vida e de seu bem-estar.

Gere tempo de qualidade para investir em seu bem-estar. O que você tem feito do tempo economizado quando usa o computador, o *homebanking* e o avião? Quando pula a refeição e usa todos os outros recursos que encontrou para economizar tempo, como fornos autolimpantes, máquinas que preenchem cheques e supermercados que vendem comida pronta? Hoje a tecnologia está a nosso serviço para economizar tempo mas, apesar de tudo, parece que a vida não ficou mais fácil. Para muitos de nós ainda falta muito tempo para atender a todas as prioridades. Repare que quanto maiores os recursos tecnológicos para facilitar a vida, maior a demanda que as pessoas têm sobre seu tempo. Prioridades novas são acrescidas sem eliminação das antigas; limites para o trabalho não são estabelecidos e dizer "não" parece uma tarefa por demais árdua.

Procure abandonar o comportamento ritualizado, mecânico, e diga "não", polida mas firmemente, sempre que lhe parecer adequado ou necessário ao seu bem-estar. Quando você luta por um pouco de tempo livre, calcule esse tempo em horas e proteja-as ou as perderá novamente. Todos temos as mesmas 24 horas à nossa disposição, todos os dias, para usar como decidirmos. Use as suas para viabilizar a qualidade de vida desejada.

É importante uma pessoa reconhecer e aceitar que não quer ou não está em condições de assumir algumas coisas. Fazendo isso, você se sentirá melhor, mesmo que algumas vezes o problema permaneça - e isto é apenas parte da vida. Se você tentar o melhor que pode, e ainda assim a situação não se resolver, você fez sua parte. Às vezes o problema permanece apesar de seu melhor empenho e de suas renúncias. Reconheça quando deve parar de investir e que aquela mudança não dependia de você. Não sinta culpa, você não é responsável por tudo, mesmo que tenha aprendido assim. Isso não vale apenas para as relações de trabalho, vale também para as relações afetivas e conjugais.

Muitas relações mal adaptadas trazem um profundo sentimento de fracasso para os pares. A crença de não poder falhar na relação traduz fortes valores sobre relações conjugais e familiares, que não apontam sempre o caminho da felicidade e ainda traz sentimentos de culpa quando as pessoas sentem-se insatisfeitas no relacionamento. A felicidade pode estar no reconhecimento de que as tentativas foram feitas e que a solução do problema não está a seu alcance. Às vezes, as relações acabam ou mudam, mas a vida continua e com ela outras oportunidades surgem. Você pode recomeçar, mudar, negar e ainda assim receber o respeito das pessoas. Não é preciso manter indefinidamente um compromisso assumido, ouvir o que não quer, nem assumir posturas e atitudes incompatíveis com sua vida e interesses apenas porque aprendeu assim.

Se magoado ou zangado com alguém, discuta com essa pessoa sobre como você se sente. Essa pessoa pode ser seu chefe, colega, funcionário, pai, filho ou cônjuge. Dê-se o direito de dizer claramente como você está se sentindo. Você não tem que manter sempre a situação controlada e demonstrar neutralidade para poupar o outro. Você tem emoções e sensibilidades como as outras pessoas e, além disso, não pode mudar ninguém. Sua submissão e responsabilidade assumida sobre todas as dificuldades não muda o outro, não resolve a situação e pode lhe trazer dificuldades pessoais extras.

Quando alguém percebe que independentemente de suas tentativas não pode mesmo mudar uma situação insatisfatória, pode desenvolver um tipo de depressão chamada "desamparo aprendido", que inclui:
- falta de motivação ou de atividade;
- tristeza e apatia;
- ausência de hostilidade quando esperada;
- problemas cognitivos;
- desinteresse por coisas antes desejadas.

Adote atitudes positivas de "eu posso mudar". Em vez de pensar "se...", pense "eu posso". E em seguida, faça. Não pense em termos de *dificuldades*; pense em termos de *possibilidades* e então decida *como* e *quando* torná-las realidade. Permita-se sonhar e reconheça que realizar sonhos implica o melhor e mais inteligente trabalho, não o mais difícil deles. Saiba quando investir e quando descansar, quando pedir ajuda e quando realizar sozinho. Sim, permita-se pedir ajuda, você poderá depois retribuir e aumentar sua rede de suporte social.

Suporte social é a ajuda que recebemos de outras pessoas e que representa uma grande fonte de recursos para atravessar momentos difíceis da vida e de prazer para compartilhar os bons momentos. O suporte social pode ser reconhecido em quatro áreas básicas:

1. Suporte emocional (ex.: ouvir e confortar um amigo depois do rompimento de uma relação difícil).
2. Auxílio financeiro ou material (ex.: oferecer roupas e utensílios a um vizinho depois de um incêndio ou dividir a tarefa de um colega de trabalho sobrecarregado).
3. Conselho ou informação (ex.: ajudar uma irmã a decidir sobre o melhor tipo de investimento para suas economias).
4. Assistência (ex.: levar seus pais ao médico ou levar sopa à casa de um amigo acamado que mora sozinho).

Ninguém pode viver ilhado. A maioria das pessoas sente-se melhor, mais confortável, quando conta com outras pessoas que ofereçam suporte e afeto. Às vezes é fácil esquecer as fontes de suporte que existe nas pessoas à nossa volta e mais fácil ainda acreditar que não se deve pedir ou receber suporte, mas apenas oferecer. Quando se sentir estressado, você pode parar e considerar as pessoas que estão ao seu alcance e que poderiam muito bem ajudar. Você se sentirá bem por receber ajuda e o calor da solidariedade dos outros, enquanto seus amigos ou parentes se sentirão satisfeitos por terem a oportunidade de lhe serem prestativos.

## Conclusão

Cada um de nós tem um papel ativo na prevenção de doenças e promoção da própria saúde. Boa saúde é mais do que a ausência de doenças: é um estado de completo bem-estar, físico e emocional, que reconhece a importância e unicidade das relações entre o corpo e o mundo psicológico. Aprender a reconhecer as fontes de stress e manejar o problema tornará você mais produtivo em vez de autodestrutivo.

Muito do stress que nos acomete no dia a dia surge de fontes próprias, devido à pressão exercida por nossas próprias regras, valores e princípios. Estes, firmemente estabelecidos e não questionados, governam nossos comportamentos e nossa interpretação da demanda externa. Assim, mesmo conhecendo nossos limites para lidar com essa demanda, não nos damos o direito de recusá-la – porque aprendemos assim. Antes de permitir que o excesso de stress traga seus sintomas nocivos, deletérios à sua saúde, reconsidere seus valores e as fontes ou regras básicas a partir das quais eles foram edificados. Questione a atualidade de seus valores e as implicações reais de modificar as regras que os mantêm. Talvez haja outras regras mais adequadas à sua vida e interesses atuais, que ofereçam a necessária correspondência entre seus valores e a realidade onde você está inserido.

Certamente, regras e valores não foram feitos para serem quebrados. Foram feitos para nos oferecer um guia justo e racional de respeito a nós mesmos e à sociedade em que vivemos. Simplesmente quebrá-los seria uma ameaça ao nosso referencial de vida e a nossa história pessoal, mas modificá-los com racionalidade e sabedoria é uma forma de mantê-los como guias reais, atualizados e condizentes com a realidade dinâmica em que vivemos e que se transforma ao longo dos anos.

## Referência bibliográfica

LAZARUS, R. S.; FOLKMAN, S. *Stress, appraisal and coping*. New York: Springer, 1984.

*Sempre espero o pior, tudo dá errado*

# SEMPRE ESPERO O PIOR, TUDO DÁ ERRADO

*Eliana Aparecida Torrezan da Silva*

Algumas pessoas tendem a se achar negativas, sem sorte, sempre perdendo oportunidades, abandonadas pelos colegas, enfim, apresentam um verdadeiro pessimismo a respeito de si próprias, dos que estão ao seu redor e também quanto ao futuro. Essas pessoas costumam pensar sempre de modo negativo; por exemplo, quando estão envolvidas emocionalmente, imaginam que podem ser traídas em um relacionamento; quando têm um resfriado acham, que podem ter algo mais grave como um câncer. Entre os amigos, se sentem tristes se um colega não as cumprimentou ao chegar a uma festa; se participam de uma seleção para um emprego, sempre acham que não conseguirão a vaga; enfim, seus pensamentos são tão pessimistas que somente as fazem se sentir infelizes, incapazes e desestimuladas. Muitas não buscam mudar, melhorar suas vidas, simplesmente se acomodam em aceitar a condição que, sem perceberem, criam para si.

Em geral as pessoas pessimistas creem que aquilo que acontece de ruim com elas não pode ser mudado. Por exemplo, se um indivíduo perdeu um ônibus, ele alega que tem azar com ônibus, em vez de procurar compatibilizar seus horários para tentar chegar mais cedo ao ponto. Ele se acomoda em pensar que não tem sorte e acaba sempre prejudicado. Quando acontece algo positivo, a pessoa tende a achar que é devido a algo externo a ela e não pelo seu próprio valor. Por exemplo: se é promovido em seu trabalho, acha que conseguiu a promoção porque seu colega que estava no cargo pediu demissão, ou alega que somente conseguiu a promoção porque não havia outra pessoa que soubesse exercer aquela função no momento, ou porque assim seu chefe pode exigir mais de seu trabalho. Essa pessoa não admite que possui qualidades como um profissional que é reconhecido pelo seu desempenho, dedicação e competência.

O otimista interpreta os acontecimentos positivos como de seu próprio merecimento, como a namorada, que ao receber um elogio de seu namorado sobre o novo corte de cabelo, acredita que o parceiro gostou de sua mudança na aparência, e não que elogiou apenas para agradá-la. Quando o otimista comete uma falha, ele atribui esse fato a uma questão momentânea, por exemplo: ao cometer um erro na digitação de um projeto em seu trabalho, alega essa falha à sua falta de atenção naquela ocasião da digitação e não generaliza para projetos futuros.

O ser humano otimista reconhece que nem todo dia se está atento do mesmo modo, que existem situações em que desvia os pensamentos para outros assuntos e consequentemente se esquece de tarefas, deixa de fazer uma atividade ou até mesmo comete uma falha. Essa pessoa avalia o acontecido e procura outras formas de resolução do problema ou erro. Ele não se incomoda, busca por meio de pensamentos positivos e realistas maneiras para crescer e se desenvolver.

Para um pessimista, o evento negativo é interpretado e ampliado para situações similares em sua vida. Por exemplo: se a pessoa perde o emprego, começa a achar que não conseguirá outro, que não terá condições de alimentar seus filhos, que a família o verá como incapaz de manter uma casa, enfim, acaba expandindo o evento negativo, a perda de emprego, para situações que muitas vezes podem não ocorrer. Essa pessoa pode conseguir um novo trabalho, a família pode ajudar nas despesas, entre outras mudanças que mobilizam os membros da família para um objetivo comum: a união familiar em momentos de crise financeira ou conjugal.

Uma tendência muito acentuada do pessimista é se culpar por tudo que acontece de ruim consigo ou com os que estão ao seu redor. Ele pensa que aquele momento difícil não passará e outros problemas surgirão. Um otimista reconhece que é uma situação de dificuldade, mas que terá que passar em determinado momento e procura pensar em meios para solucioná-la. Por exemplo, a pessoa que terminou um relacionamento afetivo e começa a pensar que não vai se envolver mais com outras pessoas, pois acha que sofrerá, provavelmente se sentirá triste e solitária e não buscará conhecer novas pessoas. A possibilidade de um novo relacionamento acontecer, nesse caso, torna-se muito remota, ou seja, a própria pessoa se isola, não participa de grupos sociais.

Em geral os pessimistas deixam de ser convidados a participar de passeios ou reuniões porque sempre se queixam, não demonstram alegria ou satisfação. As pessoas que fazem os convites se sentem desestimuladas a ter colegas que a qualquer momento podem verbalizar um desagrado, uma queixa, como "ah, este show é muito chato", "o local vai estar lotado".

As pessoas pessimistas conseguem atingir seus objetivos, mas de um modo sofrível. No entanto, é mais satisfatório atingir essas conquistas com atitudes positivas, aprendendo a enfrentar os obstáculos, incorporando em seu repertório comportamental o otimismo, os pensamentos positivos, incentivadores, reconhecendo que se pode falhar, mas também se pode corrigir o erro e se algo ruim aconteceu não significa que tudo será assim.

No dia a dia das pessoas é importante notar que pensamentos negativos são elaborados e levam a emoções desagradáveis. Porém, esse modo de pensar pode ser mudado para o otimismo. Os pensamentos podem influenciar a maneira de lidar com as situações e como enfrentar os obstáculos que se apresentam no decorrer da vida.

Os pensamentos pessimistas advêm de um processo de elaboração durante o desenvolvimento. Para se compreender como esse processo ocorre, é necessário entender como as pessoas possuem maneiras diferentes de interpretar uma mesma situação. Durante boa parte do tempo, a pessoa estabelece um diálogo interno, ou seja, desenvolve interpretações a respeito dos acontecimentos em que se envolve no cotidiano. Contudo, existem momentos em que o próprio indivíduo cria ideias sobre as situações que não aconteceram, isto é, eventos que podem ou não se concretizar. Caso os pensamentos elaborados sejam negativos, temerosos, irrealistas, desencadearão reações desconfortáveis, como: "quando olho pela janela do avião e vejo a asa sacudir, penso que o avião vai cair." Neste caso, provavelmente, esta pessoa se sentirá ansiosa, tensa e permanecerá em estado de alerta durante toda a viagem. Deste modo, seu equilíbrio homeostático é alterado e uma série de substâncias são liberadas em seu organismo, fazendo com que haja um desgaste físico e emocional. O mesmo pode ocorrer em outras situações, como "eu preciso ser aprovada pelas pessoas". Esse pensamento inadequado leva a uma busca constante de aprovação pelas demais pessoas, o que na maioria das vezes não acontece.

Quem desempenha suas atividades esperando reconhecimento, elogio ou simplesmente que alguém diga "está bom" preocupa-se com relação ao que o outro pensará a seu respeito, e quando não recebe o elogio se sente ansioso, tenso, frustrado, culpado ou mesmo inferiorizado. Para que se sinta mais confortável e menos estressado, a recomendação é rever as ideias inadequadas ou irrealistas e reformulá-las. As ideias positivas desenvolvem emoções agradáveis, motivadoras e em acordo com a realidade. Uma pessoa que diz "sou infeliz" e não faz nada para que esse sentimento mude, fica sofrendo e provavelmente se envolve em eventos sempre esperando o pior, alega o desconforto dizendo "ah, sei que não vai dar certo", "vou tentar, mas não vou conseguir nota para a aprovação no exame". Essa pessoa deve reavaliar seu conceito de felicidade e buscar, por meio de seus pensamentos, atitudes e comportamentos positivos, a realização de seus objetivos.

Para que se possa compreender melhor o mecanismo do pensamento sobre as nossas emoções, é preciso ter claro e objetivamente o seguinte esquema cognitivo-emocional: → eventos ambientais → *percepção* do evento → *interpretações, pensamentos a respeito* do *evento*→ reação do organismo físico-emocional. Por exemplo, se uma pessoa tem uma entrevista para um emprego (evento) e pensa que não se sairá bem, tendo ideias como: "irei gaguejar; não me lembrarei de minhas qualificações; ficarei vermelho"; "acho que o entrevistador não gostou de meu currículo" (pensamentos pessimistas), a reação de ansiedade, tensão, pode ocorrer. O fato de a pessoa ter desenvolvido pensamentos pessimistas a seu respeito já aumenta a probabilidade de o resultado da entrevista ser negativo. O modo de pensar estabelecido por essa pessoa se desenvolve ao longo da vida e se expande para muitas outras situações que o avaliem, testem ou de algum modo questionem suas capacidades.

Para que um pessimista se torne um otimista, ele deve iniciar a transição estando atento a seus pensamentos. Deve identificar quando ocorrem, quais são as situações mais comuns e, por meio de um processo de reformulação de ideias, mudar as negativas para positivas. A princípio pode parecer difícil mudar a maneira de se pensar, mas com treino os pensamentos positivos podem se instalar. Quando começamos a acreditar que se pode ter mais alegria nas situações em que nos envolvemos, se estabelece um pensamento positivo, que motiva a ter atitudes e comportamentos mais satisfatórios.

O processo de mudança se inicia ao assumir conscientemente o que está acontecendo, seu diálogo interno, observar qual é a reação - cognitiva, física e emocional - diante de determinadas situações, em que se sente desconfortável, tenso, ansioso ou estressado. Um exemplo pode ajudar a clarificar esse raciocínio: J., de 23 anos, cursava o terceiro ano da faculdade e apresentava um desempenho negativo nas disciplinas de matemática e informática desde que iniciou seu curso. Tinha sido reprovado, refez essas disciplinas e mesmo assim não atingiu o desempenho que esperava nessas áreas, embora tivesse sido aprovado. J. dizia com frequência: "eu me acho um péssimo aluno", "sou ruim em informática e matemática", "não adianta, não vou conseguir passar", "me sinto desmotivado". Observa-se que J. se identifica como sendo um aluno que não apresenta desempenho satisfatório nas disciplinas citadas, aceita que não possui essas habilidades. Porém, não procura mudar seu desempenho em exatas, não busca o auxílio de um professor ou colega, não tenta um novo método de estudo, ou seja, não muda seu comportamento e fortalece seu modo de pensar: "me acho um péssimo aluno." Seu desempenho permaneceu negativo, teve que refazer a disciplina, desse modo atrasou a conclusão do curso. Essa situação mostra que o modo negativo de pensar influencia as atitudes, os comportamentos e o estado emocional. J. atingiu seu objetivo, terminar o curso, porém o fez de modo desgastante.

Para que a pessoa reformule seus pensamentos pessimistas que provocam reações negativas, ela deve se empenhar e estar atenta ao diálogo interno e, principalmente, observar não só os pensamentos elaborados a respeito dos acontecimentos, mas também a própria reação física e emocional.

É importante notar se ultimamente tem se sentido infeliz. Se acha que sim, é o momento de iniciar o processo de mudança, ou melhor, reestruturar seus pensamentos pessimistas do momento e procurar por meio dos pensamentos positivos manifestar atitudes e comportamentos satisfatórios, que ajudem a resolver ou lidar com a situação de maneira mais feliz.

As pessoas que se acham muito infelizes, pensando em tudo que pode acontecer de ruim, podem se sentir culpadas, incapazes e tristes. Muitas vezes deixam de participar de eventos sociais e dos momentos de lazer, pois não acreditam que possam se sentir alegres. Elas se voltam para suas "fragilidades", ou seja, para suas vulnerabilidades, dificuldade em dizer não a outras pessoas ou atividades. Muitas vezes isso leva a desenvolverem medos irreais. Essa cadeia de pensamentos negativos sobre si e sobre o mundo acaba favorecendo que se sintam sozinhas, incompreendidas, tristes e infelizes.

Como se pode observar, a pessoa que tem pensamentos pessimistas acaba entrando em um processo de angústia, ansiedade, tensão ou até mesmo depressão. As ideias negativas promovem emoções desagradáveis e acabam favorecendo um desequilíbrio interno. Desse modo, não é difícil entender porque muitas pessoas aparentemente com boas condições de saúde, com alimentação saudável e prática de exercícios físicos adoecem. A reação desencadeada por meio dos pensamentos negativos faz com que o organismo permaneça em estado de prontidão para a ação de luta ou de fuga diante de determinado acontecimento interpretado como sofrível ou desagradável. O organismo entra em um estado de desequilíbrio interno e o órgão que apresente predisposição a doenças é afetado. Portanto, o adoecer pode ter influência do próprio ser humano.

As pessoas podem escolher as emoções que desejam sentir por meio do controle de seus pensamentos. Aqueles indivíduos que têm uma perspectiva negativa quanto a si, ao meio ambiente e ao futuro desenvolvem respostas emocionais desconfortáveis, como tristeza, desânimo, cansaço, insatisfação, irritabilidade entre outras emoções. Por outro lado, as pessoas de pensamentos otimistas se sentem mais motivadas a lutar pelos seus ideais. Elas manifestam a satisfação ao conquistar uma meta com alegria e entusiasmo.

Geralmente as pessoas aprendem a não se considerar as responsáveis pelas suas emoções. É comum alegar que alguém provocou determinado sentimento, como: "você me magoou", "estou tão triste e não sei o porquê". Neste último exemplo, talvez esse sentimento de tristeza seja uma maneira de manifestar o desconforto com algumas pessoas ou situações, já que desse modo os colegas percebem "e se voltam à minha pessoa". Talvez, se o indivíduo prestar atenção aos pensamentos que acompanham essas reações e reformulá-los, se sinta mais feliz: "eu me magoo com a interpretação que faço a respeito da reação de meu amigo" ou "não posso esperar que aja como eu quero". Observa-se que muitas vezes os pensamentos têm uma função de desencadear no outro uma reação, seja de mais atenção, prestatividade ou mesmo para conseguir satisfazer os próprios desejos. Contudo, esta não é a conduta mais recomendada. Os pensamentos pertencem exclusivamente à pessoa; sendo assim, a própria pessoa tem condições de guardá-los, modificá-los, expressá-los e compartilhá-los.

Deve-se estar alerta para que o pessimismo não leve a uma depressão. Se notar que tem pensamentos negativos generalizados (ou seja, a tendência a interpretar a maioria das situações de modo negativo), se sente desprazer e falta de energia com frequência, se possui uma sensação de vazio e falta de sentido e objetivos de vida, procurar um psicólogo pode ajudar.

O pessimismo pode levar ao stress por se constituir em uma fonte interna de tensão emocional. Isso ocorre por meio das interpretações negativas que levam a pessoa a sempre esperar o pior dos acontecimentos e de todos, sofrendo em demasia com emoções desconfortáveis, como ansiedade, angústia, medo, irritabilidade e hostilidade. Essas reações, com frequência, têm como origem o pensamento negativista para lidar com as situações, sendo assim uma fonte interna do stress.

Na busca para ser feliz é importante se estar atento aos pensamentos e sempre que notar que eles são negativos ou pessimistas, procurar admitir o desconforto manifestado e transformá-los em pensamentos positivos, motivadores, incentivadores que permitam emoções de satisfação e realização.

É importante ressaltar que o controle das emoções depende do modo como se pensa a respeito das situações e acontecimentos. Pensamentos sadios induzem a comportamentos mais saudáveis e adequados no dia a dia de uma pessoa.

O otimismo permite o crescimento e o desenvolvimento pessoal mesmo nas dificuldades da vida pois, dentro de um modo positivo de pensar, estas fazem parte da evolução do ser humano.

Algumas sugestões podem ajudar a se ter uma expectativa mais positiva perante a vida, como mostramos a seguir:

## Observar pontos positivos mesmo diante de uma situação negativa

Às vezes uma perda pode ser um recomeço. Por exemplo, perder um emprego pode ser visto como um evento motivador para novas conquistas e realizações profissionais.

## Busca de alternativas

Assim também, em casos de mudanças que ocorrem inesperadamente, a busca de alternativas positivas para se adaptar à nova condição pode ser um momento para reavaliar o estilo de vida de toda a família. Por exemplo, a mudança de residência em função do aumento de aluguel pode, se for encarada de modo adequado, levar a uma redução de gastos ou mesmo ser vista como uma chance de decorar, com prazer, a nova casa.

Basicamente, o que é necessário é aprender a lidar com as situações, buscando com otimismo soluções para seus problemas; perceba que a vida fica mais fácil de ser vivida se conseguimos interpretar os acontecimentos com leveza, criatividade, alegria e prazer.

Pensar que há muitas pessoas felizes e que também o podemos ser é uma ideia otimista e motiva atitudes e comportamentos saudáveis e positivistas. A felicidade pode ser criada e recriada, pois enquanto existir a motivação e o otimismo aliados a objetivos e desejos a serem alcançados, ela existirá.

# Referências bibliográficas

Dyer, W. W. *Seus pontos fracos*. 6 ed. Trad. Mary Cardoso. Rio de Janeiro: Record, 1976.

Davis, M.; Eshelman, E. R.; Mackay, M. *Manual de relaxamento e redução do stress*. Trad. Denise Maria Bolanho. São Paulo: Summus Editorial, 1996.

Lipp, M. E. N.; Novaes, L. E. *O stress*. São Paulo: Contexto, 1996. (Mitos & Verdades).

Lipp, M. E. N.; Novaes, L. E. *Manejo do stress*. In: Rangé, Bernard (Orgs.). *Psicoterapia comportamental e cognitiva: pesquisa, prática, aplicações e problemas*. São Paulo: Psy, 1995. II, pp. 279-292.

Molina, O. F. *O estresse no cotidiano*. São Paulo: Pancast, 1996.

Silva, M. A. D. da. *Quem ama não adoece: o papel das emoções na prevenção e cura das doenças*. São Paulo: Best Seller, 1994.

***Não sei o que fazer ou dizer
quando alguém me critica***

# NÃO SEI O QUE FAZER OU DIZER QUANDO ALGUÉM ME CRITICA

*Eliane Falcone*

Situações de confronto interpessoal, tais como as críticas, são geralmente incômodas. Ouvir do seu chefe uma avaliação não muito positiva a respeito de sua produtividade na empresa gera, em algum nível, uma ativação emocional. Lidar com as acusações do cônjuge de que você tem lhe dedicado pouca atenção ou de um amigo que está magoado porque você ainda não foi visitá-lo em sua nova residência também pode provocar emoções desagradáveis. Um palestrante que ouve uma pergunta hostil de alguém da plateia provavelmente irá experimentar desconforto diante dessa situação delicada.

É muito difícil ouvir uma mensagem que envolve crítica sem que ocorra uma reação emocional. O que faz as pessoas reagirem emocionalmente à crítica costuma ser a vergonha e a insegurança. Quando se sentem magoadas, algumas pessoas se retraem e outras atacam.

Reagir à crítica com mágoa e raiva é comum a todos. Entretanto, algumas pessoas mais sensíveis à vergonha se inflamam ao menor sinal de crítica, dificultando assim sua convivência social. Outras pessoas, por outro lado, manifestam habilidade em lidar com essas situações, reduzindo o conflito interpessoal e tornando as suas relações mais agradáveis e duradouras.

Será visto neste capítulo que ser capaz de lidar com a crítica de forma positiva implica ser capaz de se comportar de maneira empática. Mas como as pessoas empáticas se comportam? O que elas fazem para provocar emoções positivas nos outros e reduzir o conflito interpessoal e o rompimento? Vários estudos foram realizados na tentativa de identificar os componentes verbais e não verbais da empatia e o que será apresentado a seguir está baseado nesses estudos.

A empatia é definida como a habilidade de compreender acuradamente os pensamentos, sentimentos e desejos de outra pessoa, além de transmitir esse entendimento de tal maneira que esta se sinta verdadeiramente compreendida.

Durante toda a interação, o indivíduo que tem empatia expressa compreensão e aceitação, tanto de forma verbal quanto de forma não verbal, sendo que cada uma dessas formas irá predominar, de acordo com o momento de interação.

O comportamento empático ocorre em duas etapas. Na primeira etapa, o indivíduo que empatiza está envolvido em compreender os sentimentos e perspectiva da outra pessoa e, de algum modo, experienciar o que está acontecendo com ela naquele momento. A segunda etapa consiste em comunicar esse entendimento de forma acessível. Na primeira etapa, o indivíduo presta atenção e ouve sensivelmente. Na segunda etapa, ele verbaliza sensivelmente.

**Prestar atenção**

Para que ocorra empatia é preciso dar atenção de um modo que demonstre acolhimento. Nesse momento, o foco de atenção é direcionado inteiramente à outra pessoa, sendo deixado de lado por alguns instantes todas as preocupações e compromissos. Olhar para a pessoa com interesse genuíno; inclinar-se levemente em direção a ela com a parte superior do corpo; adotar uma postura aberta (braços e pernas cruzados indicam pouco envolvimento e disponibilidade); manter contato ocular, evitando desviar o olhar com frequência; acenar com a cabeça quando a outra pessoa está dizendo algo importante; usar vocalizações (ex.: "hum, hum", "sim") sinaliza atenção e valorização do outro.

Ao mesmo tempo em que demonstra atenção, o empatizador deve procurar identificar as mensagens não verbais da pessoa alvo, que expressam emoções. Tais mensagens podem substituir, repetir, enfatizar ou contradizer a mensagem verbal.

Estudos sugerem que, quando há contradição entre as mensagens verbal e não verbal, o crédito deve ser dado à mensagem não verbal. O rosto é a principal área sinalizadora de emoções, embora possa ser melhor controlado. Assim, a verdadeira emoção pode ser identifica da pela voz e parte do corpo abaixo do pescoço.

As mensagens não verbais que podem ser manifestadas pela outra pessoa são o comportamento corporal (postura, movimentos corporais); expressões faciais (sorrisos, cenho franzido, sobrancelhas arqueadas, lábios contraídos); relação entre a voz e o comportamento (tom de voz, intensidade, inflexão, espaço entre as palavras, ênfases, pausas, silêncios e fluência); respostas emocionais observáveis (respiração acelerada, rubor, palidez, dilatação da pupila).

## Ouvir sensivelmente

Ouvir sensivelmente não significa ser capaz de reproduzir o que alguém acabou de falar. O bom ouvinte é aquele que aprecia a outra pessoa tal como ela é, aceitando os seus sentimentos e ideias, tais como eles são. Em outras palavras, o ouvir empático significa suspender o próprio desejo e julgamento e, pelo menos por poucos minutos, existir para a outra pessoa.

Quando alguém é ouvido sensivelmente, ele se sente validado, valorizado e isso promove autoaceitação e autoafirmação. Por outro lado, não ser ouvido gera sentimentos de exclusão, desvalorização e inadequação.

Nas relações interpessoais, existem circunstâncias nas quais o ouvir se torna difícil. Isso costuma ocorrer quando a outra pessoa é: (a) excessivamente detalhista, tornando a conversa cansativa e desinteressante; (b) egoísta, fazendo com que o assunto gire apenas em torno dela; ou quando o ouvinte: (a) está sobrecarregado de problemas, que dificultam a sua atenção; (b) interpreta erroneamente a fala da outra pessoa como algo pernicioso, ameaçador ou enfurecedor; (c) está mais preocupado em controlar, instruir ou mudar a outra pessoa; (d) preocupa-se em ensaiar o que vai dizer a seguir, em vez de prestar atenção no discurso da outra pessoa.

Em situações de conflito, o ouvir sensível também promove efeitos positivos na interação, na medida em que reduz a querela e a probabilidade de rompimento. Alguns autores afirmam que ouvir sensivelmente, demonstrar compreensão e aceitação a uma pessoa que está furiosa, tem o poder de reduzir a raiva dessa pessoa, tornando-a mais disponível para ouvir também. Da mesma maneira, quando procuramos compreender as razões do comportamento de alguém que nos provocou raiva ou mágoa, tendemos a reduzir esses sentimentos, facilitando um diálogo de entendimento.

Estudos sobre sincronia emocional afirmam que as emoções costumam ser contagiosas em interações em que há conflito. Nessas condições, as mensagens não verbais refletem como a pessoa está expressando o conteúdo da fala (tom e entonação de voz, expressão facial, gestos etc.) e contagiam a outra pessoa como uma orquestração. Além disso, a pessoa que está em uma interação de conflito acredita que, ao aceitar o argumento do interlocutor, estará reconhecendo o seu erro e perderá a razão. Assim, ela insiste em manter os seus argumentos para ficar com a última palavra. Nesse tipo de interação, ambas as partes ficam impedidas de ouvir e se sentem incompreendidas. Se, por outro lado, a pessoa acreditasse que abrir mão da própria perspectiva para entender o outro não significa perder a razão, poderia permitir que o interlocutor, ao se sentir ouvido e compreendido, se dispusesse também a ouvir e compreender. Demonstrar disposição para ouvir com um mínimo de defensividade, crítica ou impaciência, reduz fortemente o conflito, uma vez que favorece uma recíproca semelhante. Assim, a habilidade em ouvir depende do esforço em resistir ao impulso de reagir emocionalmente à posição de alguém que manifesta uma perspectiva muito diferente. Por outro lado, adotar atitudes impulsivas que reduzem ou evitam a emoção do momento, torna a pessoa pouco flexível, aumentando o conflito na interação.

Uma estratégia para poder ouvir e compreender melhor a outra pessoa é buscar as mensagens centrais que estão sendo expressas em termos dos sentimentos, desejos e perspectivas desta. Para ouvir sensivelmente, você deve: (a) deixar de lado as próprias perspectivas, desejos e sentimentos por alguns instantes e se voltar inteiramente para as perspectivas, desejos e sentimentos da outra pessoa; (b) observar e ler os comportamentos não verbais que a pessoa alvo está manifestando enquanto fala (ex.: tom de voz, olhar, postura, gestos etc.), por meio dos quais sejam identificadas as emoções; (c) colocar-se no lugar da outra pessoa, buscando identificação com os sentimentos, percepções e desejos dela; (d) elaborar mentalmente uma relação existente entre o sentimento da outra pessoa, o contexto e o significado deste contexto para ela.

Mesmo sendo difícil, é possível controlar o impulso de atropelar o interlocutor quando queremos dizer algo e ouvir sensivelmente alguém que se baseia em uma perspectiva diferente da nossa. Em situações de conflito, a melhor maneira de conseguir ser ouvido é fazer com que o interlocutor se sinta ouvido primeiro. A maioria das pessoas não irá prestar atenção no seu ponto de vista, até que elas se convençam de que você ouviu e apreciou o delas. Mesmo quando você está iniciando uma discussão sobre alguma coisa que importa a você, a melhor maneira de garantir que você será ouvido é convidar a outra pessoa a explicar o ponto de vista dela, antes de apresentar o seu.

Na medida em que você deixa de lado, por alguns momentos, a sua perspectiva para ouvir a da outra pessoa, você se torna capaz de entender o que ela pensa, permite que ela se sinta entendida e clarifica as coisas de modo a que ela esteja mais disponível para ouvir você. Se sua raiva é tanta que se torna impossível fazer isso nesse momento, adie a discussão, dizendo algo como: "eu não estou conseguindo me concentrar no que você está me dizendo agora. Nós poderíamos conversar daqui a meia hora?" Antes da discussão, exercite mentalmente ficar no lugar da outra pessoa, identificando-se com as razões e o ponto de vista dela. Durante a interação com o interlocutor, fique atento para identificar o seu comportamento impaciente ou defensivo. É importante conter a sua urgência em responder, até que você tenha ouvido tudo. Não é suficiente apenas manter a boca fechada enquanto o outro está falando. Faça um esforço para acolher o que ele está sentindo e pensando.

**Verbalizar sensivelmente**

Embora desejando ajudar e experimentando compaixão pela outra pessoa, às vezes nós verbalizamos o nosso entendimento de forma não apropriada.

Uma das razões que nos leva a uma verbalização não empática refere-se a uma avidez de ajudar a outra pessoa a ver as coisas "de modo mais realista", mais "positivamente", "de um modo mais equilibrado" ou "mais construtivamente". Isso nos induz a guiar o outro em uma direção que nós sentimos ser melhor para ele. Mesmo fazendo isso sutilmente, o interlocutor perceberá a nossa intenção.

Às vezes, nós queremos aliviar o sofrimento de uma pessoa que está nos contando um problema e achamos que dar um conselho seria a melhor saída. Entretanto, as pessoas querem que os seus sentimentos sejam legitimados. Ao receber um conselho, o interlocutor provavelmente se sentirá não compreendido. Quando a pessoa quer um conselho, ela deixará isso claro, assim mesmo apenas depois de se sentir realmente compreendida.

Outras vezes nós queremos aliviar o sofrimento de alguém procurando minimizar o problema, sugerindo que ele "não precisa ficar tão preocupado", ou que ele está exagerando. Sem perceber, nós estamos desvalorizando os sentimentos e a perspectiva do outro, que provavelmente se sentirá incompreendido ou inadequado.

Quando nós já passamos anteriormente por uma situação parecida com a que a outra pessoa acaba de nos relatar, torna-se tentador revelar a nossa própria experiência, com a intenção de ajudar. Entretanto, isso desvia o foco de atenção do sofrimento do outro para nós. Nesse momento, tudo o que a pessoa deseja é comentar a experiência dela. Após demonstrar compreensão sobre os sentimentos e perspectivas da outra pessoa e de se certificar de que ela se sentiu realmente compreendida, pode haver espaço para a autorrevelação.

Antes de verbalizar a nossa compreensão sobre a experiência da outra pessoa, nós devemos examinar cuidadosamente o esboço de nossa declaração, para que as nossas palavras não a ameacem. Ao descrevermos o mundo interior do outro, devemos evitar reflexões que sejam socialmente indesejáveis (ex.: "você está com inveja", "você está furioso"). As pessoas são inclinadas a não reconhecer nelas mesmas atitudes ou sentimentos socialmente indesejáveis.

Nossa curiosidade também pode atrapalhar a sintonia empática. As perguntas desviam o foco de atenção da apreciação dos sentimentos e perspectivas da outra pessoa, direcionando a conversação para os nossos pensamentos. Algumas vezes, as perguntas são pertinentes para esclarecer algo que já foi dito. As perguntas que devem ser evitadas são aquelas que buscam novas informações.

Finalmente, uma tendência que bloqueia a empatia é a de ajudar fazendo julgamentos que corrigem o realismo do que o outro está nos dizendo.

A função da verbalização empática é fazer com que a pessoa alvo se sinta compreendida, além de ajudar a explorar as preocupações desta de forma mais completa. Embora as etapas anteriores (prestar atenção e ouvir) possam sinalizar compreensão, aceitação e acolhimento, por meio da comunicação não verbal (ex.: acenar com a cabeça, usar vocalizações breves tais como: "hum, hum") , a verbalização empática é a forma mais acurada de demonstrar compreensão.

As estratégias de verbalização empática: (a) centram-se mais na outra pessoa e no problema desta; (b) são mais neutras na avaliação, descrevem e explicam os sentimentos do outro e as situações que produzem esses sentimentos; (c) tendem a focalizar as causas próximas ao estado de angústia da pessoa alvo (pensamentos e emoções ante certos eventos); (d) aceitam e legitimam o sentimento do outro, bem como o ponto de vista deste; (e) contêm uma explicação cognitiva dos sentimentos experienciados pelo outro (indivíduos angustiados costumam carecer de um entendimento dos próprios afetos), e essa explicação desses estados afetivos pode ajudá-lo a entender e encontrar uma interpretação para os próprios sentimentos, distanciando-se mais dos mesmos. As estratégias de verbalização não empática: (a) focalizam-se no evento em si; (b) impõem o próprio ponto de vista; (c) desconsideram ou ignoram os sentimentos e a perspectiva da outra pessoa; (d) tentam minimizar o problema e/ou estão mais centradas em dizer ao outro o que fazer ou como se sentir.

## Verbalização empática

Durante a verbalização empática, o foco de atenção é inteiramente voltado para o sentimento e a perspectiva da outra pessoa ante à situação-problema, sem fazer qualquer julgamento, aceitando e legitimando os sentimentos desta. Tais sentimentos podem ser legitimados de forma indireta, quando estes não são especificados (ex.: "eu posso imaginar como você está se sentindo", ou "as coisas não estão indo nada bem para você, não é mesmo?"), ou de forma direta, quando o "empatizador" especifica o sentimento (ex.: "eu percebo que isso está deixando você triste", ou "você deve estar se sentindo indignado"). Quando o "empatizador" consegue relacionar o sentimento, o contexto e a perspectiva da pessoa alvo (ex.: "você se sente triste porque mudar significa deixar todos os seus amigos", ou "você está me vendo jogando toda a responsabilidade em cima de você e isso o deixa zangado comigo, não é mesmo?"), isso promove uma verbalização empática mais completa.

Após declarar entendimento acerca dos sentimentos e pensamentos de uma pessoa, o empatizador pode constatar que não foi acurado. Isso geralmente acontece quando a outra pessoa diz claramente que não é exatamente aquilo que ela queria dizer, para de falar e olha em volta, ou tenta completar a fala do empatizador. Nesse momento, segundo os especialistas no assunto, é importante seguir o rastro e aprender com os próprios erros. Um exemplo de verbalização empática dirigida a uma pessoa que está triste por não haver conseguido passar em um concurso público, poderia ser: "É muito duro estudar tanto para um concurso e não passar. Eu sei o quanto você investiu em seus estudos. Você deve estar se sentindo magoado e injustiçado por não ver os seus esforços reconhecidos, não é mesmo?" Neste caso, os sentimentos e a perspectiva da pessoa são identificados, validados e relacionados. Um exemplo de verbalização não empática poderia ser: "Não há razão para ficar deprimido. Você poderá fazer outros concursos". Neste tipo de verbalização, o sentimento e a perspectiva da outra pessoa são desvalorizados. O indivíduo é considerado inadequado por "exagerar" no seu sentimento e por "supervalorizar" a importância do concurso.

Em situações em que há conflito, quanto maior é a divergência de opiniões, mais importante é reconhecer o que a outra pessoa diz, antes de apresentar o próprio ponto de vista. Quando o interlocutor se sente magoado, torna-se fundamental demonstrar compreensão e aceitação dos sentimentos e perspectivas deste, sem apresentar qualquer justificativa, antes de se certificar de que o outro se sentiu realmente compreendido e validado.

Exemplos de declarações empáticas em situações de conflito incluem: (a) "Deixe-me ver se eu entendi o que você está dizendo. Você sente que é sempre você quem toma a iniciativa de propor nossos encontros e que isso faz você querer saber se eu realmente quero estar com você. Estou certo?"; (b) "Então todo esse tempo você vem sentindo que eu estou furioso com você e que, por essa razão, eu deixei de ser afetuoso. Não é de admirar que você esteja chateada. Você deve estar se sentindo magoada há bastante tempo." Declarações desse tipo tendem a reduzir a ansiedade da outra pessoa, tornando-a mais disponível para ouvir e para a autoverbalização.

Vimos até agora que é possível lidar com a crítica de forma positiva para a qualidade da interação, por meio da adoção de comportamento empático.

Uma variedade de estudos tem apontado os efeitos da empatia, dentre os quais os mais citados são: redução do conflito social e do rompimento, tornando a interação mais agradável; diminuição de problemas emocionais e psicossomáticos nos amigos e familiares; maior satisfação no relacionamento conjugal e maior ajustamento marital.

Os indivíduos empáticos são capazes de compreender acuradamente os estados internos dos outros e de manifestar essa compreensão de forma sensível e apropriada. Isso possibilita lidar com a crítica de um modo que reduz o conflito e aumenta a qualidade da interação. A capacidade de "ler" os pensamentos e sentimentos das outras pessoas e de reagir adequadamente é que provavelmente torna esses indivíduos mais bem-sucedidos profissional e afetivamente. Por outro lado, pessoas não empáticas parecem carecer de inteligência social e podem se tornar prejudicadas no trabalho, na escola, na vida conjugal, nas amizades, nas relações familiares, além de correrem o risco de viver à margem da sociedade. Mas o que torna as pessoas diferentes quanto às suas capacidades para "empatizar"?

Estudos sobre desenvolvimento sugerem que os seres humanos já nascem predispostos a desenvolver empatia, para assegurar a sobrevivência. Entretanto, fatores de aprendizagem são fundamentais no desenvolvimento da capacidade de compreender os estados internos das outras pessoas. A conduta empática dos pais, caracterizada por manifestações de simpatia, compreensão, cuidado, aceitação e sensibilidade, promove maior autoestima e autoconfiança nos filhos, além de modelar comportamento empático. Por outro lado, pais não empáticos, que são menos sensíveis aos sentimentos de seus filhos, irão modelar comportamentos não empáticos, além de promover sentimentos de inadequação e de insegurança nos mesmos. Pais que empregam castigos físicos frequentes estão contribuindo para a formação de padrões de comportamento agressivo em seus filhos, assim como transtornos e desajustes.

Uma revisão de estudos sobre traços de personalidade sugerem que os sujeitos ansiosos, com baixa autoestima, ansiedade gerada por contatos interpessoais, assim como um padrão cognitivo rígido e disfuncional, possuem níveis baixos de competência social e de empatia, além de nível elevado de mal-estar pessoal. Por outro lado, os sujeitos mais tranquilos, com autoestima elevada, bom ajustamento psicológico e um padrão cognitivo caracterizado por uma visão de mundo mais aberta e flexível, apresentam níveis elevados de competência social e de empatia. Assim, o nível de competência social parece estar diretamente relacionado ao nível de qualidade de vida das pessoas.

Diferenças individuais na capacidade de compreender acuradamente os sentimentos e pensamentos dos outros decorrem de uma educação pautada na empatia, que contribui para a formação de indivíduos mais ajustados, competentes socialmente e com maior motivação para "empatizar". Entretanto, o convívio familiar não é suficiente para o desenvolvimento de competências sociais, uma vez que estas podem se perder pela falta de uso. As pessoas aprendem a se relacionar durante toda a vida por meio de um processo natural de imitação de modelos sociais. Mesmo quando essa aprendizagem não ocorre naturalmente, em função de uma educação ineficiente, da falta de modelos disponíveis ou de experiências variadas, ainda assim é possível desenvolver habilidades de interação por meio de treinamento específico.

Com base nessas constatações, tem surgido uma variedade de programas de treinamento de empatia com crianças em idade escolar como uma proposta de prevenção; em médicos, com o objetivo de melhorar a relação médico-paciente e facilitar a adesão ao tratamento; em presidiários criminosos, para reduzir o índice de reincidência às prisões; na área educacional, para melhorar a qualidade do ensino e entre casais, para reduzir conflitos e melhorar a qualidade das relações conjugais.

Minha experiência nessa área tem confirmado muitas afirmações encontradas na literatura a respeito dos efeitos positivos proporcionados pelo treinamento da empatia. Em um trabalho recente, dez estudantes da Universidade do Estado do Rio de Janeiro foram submetidos com sucesso a 11 sessões de treinamento da empatia. Os estudantes aumentaram a sua capacidade em ouvir, compreender e declarar compreensão de forma empática e passaram a aplicar as suas habilidades em seus contextos relacionais. Além disso, ocorreram mudanças na vida social dos estudantes, tais como redução de conflitos interpessoais, reconhecimento de mudança dos sujeitos por parte de parentes e amigos, além de melhora qualitativa dos relacionamentos.

Um dado interessante, fornecido pelas respostas de alguns estudantes a um questionário de avaliação dos efeitos do treinamento em suas relações sociais, referiu-se ao reconhecimento espontâneo de parentes e amigos próximos de que os sujeitos estavam "mais calmos". Esse resultado confirma as afirmações de outros autores sobre os efeitos positivos de ouvir empaticamente em situações de conflito. Compreender melhor as razões e sentimentos da outra pessoa corrige distorções de interpretações, reduzindo a ansiedade e a raiva. Sendo assim, o desenvolvimento da habilidade empática pode contribuir para a redução do stress e a melhora da qualidade de vida.

A necessidade de sobrevivência em uma cultura competitiva tende a minar o nosso interesse em prestar atenção nos sentimentos, necessidades e desejos dos outros. Assim, parece que tentar compreender as razões da outra pessoa, especialmente em situações de conflito, significa perder o jogo e se render. Essa postura deixa o indivíduo em alerta e dispara ansiedade e raiva com frequência. No momento em que alguém diz algo que pode significar que nós cometemos um erro, um alarme dispara nos preparando para lutar contra os argumentos do outro. Essa postura leva ao conflito e até mesmo ao rompimento, como foi visto anteriormente. Por outro lado, o esforço em compreender o estado interno do interlocutor reduz a ideia de que estamos em perigo ou de que a outra pessoa está nos ameaçando de alguma forma. Desse modo, as emoções negativas se reduzem, permitindo a solução do conflito interpessoal. Isso pode explicar por que o comportamento empático favorece a redução do stress das pessoas envolvidas na interação, além de melhorar a qualidade das relações interpessoais e a qualidade de vida.

### Referências bibliográficas

GUERNEY, JR. B. *Relationship enhancement: Marital family therapists manual.* USA: Ideals, 1987.
ICKES, W. (Ed.) *Empathy accuracy.* New York: Guilford, 1997.
NICHOLS, M. P. *The lost art of listening.* New York: Guilford, 1995.

## *Sinto-me estressado por não saber dizer não*

# SINTO-ME ESTRESSADO POR NÃO SABER DIZER NÃO

*João Ilo Coelho Barbosa*

Se fizermos um levantamento das situações que mais nos provocam stress, notaremos que a maior parte delas refere-se à nossa interação com outras pessoas. O contato com o outro, ou apenas a imaginação de que esse contato irá ocorrer é, para muitos, terrivelmente ameaçador.

Um cliente contou-me certa vez que seu sonho seria o de comprar tudo que quisesse sem sair de casa, por meio da Internet. Assim, ele não precisaria "enfrentar" os temidos vendedores, que sempre o "forçavam" a levar os produtos mais caros ou mesmo aquilo que não era do seu agrado, apenas para livrar-se daquela situação.

Outra cliente afirmou-me não entender por que os colegas de trabalho sempre se aproveitavam dela, delegando a ela um excesso de tarefas que, para serem cumpridas, a faziam sair do trabalho rotineiramente uma hora além do seu horário. E o que era pior: eles nunca a valorizavam por isso. Pelo contrário, "agiam como se aquilo fosse parte de minha obrigação".

Existem também aqueles indivíduos que percebem que a forma como se colocam produz um mal-estar geral, constantes discussões e conflitos. A repetição disso leva-os à frustração, pois eles começam a perceber que são evitados e mal compreendidos até por pessoas mais próximas.

Há ainda pessoas que sentem dificuldades em expressar sentimentos positivos em relação ao outro, como demonstrar que ama alguém. Em sua lógica, isso significaria mostrar-se frágil e dependente, o que poderia resultar numa frustração ainda maior pelo amor revelado mas não correspondido. Melhor seria não se expor tanto...

Histórias como essas são constantemente colocadas como queixa por um número considerável de pessoas que busca psicoterapia. Jovens e adultos, homens e mulheres se queixam dos mais variados problemas, mas com três características em comum: as situações estão sempre no âmbito da relação interpessoal; a dificuldade encontrada refere-se à falta de expressão de sentimentos, pensamentos, opiniões e direitos; e finalmente essa condição parece funcionar como um forte agente estressor.

A significativa frequência com que se verifica clinicamente esse tipo de problema na comunicação humana nos faz questionar sobre que fatores de natureza biológica, psicológica e/ou sociocultural estariam relacionados a esse fenômeno. Existem poucos estudos sobre o assunto, talvez pela complexidade de variáveis necessariamente envolvidas para a verificação de tal questão, o que não nos permite chegar a conclusões definitivas.

Acredito que a comunicação humana é mais um componente da luta pela sobrevivência à qual o ser humano está submetido desde a sua origem. Na sociedade moderna, o homem continua lutando e competindo, talvez de forma menos direta e mais simbólica, o que não implica a evitação de constantes conflitos. Dessa forma, embora as regras sociais estabeleçam parâmetros de convivência necessários para a tolerância e desenvolvimento da espécie humana como um todo, nossa cultura está impregnada da concepção da lei da sobrevivência do mais forte.

A partir desse enfoque darwinista, os padrões de comunicação humana também refletiriam esse conflito entre a promoção da própria sobrevivência - o que implicaria muitas vezes comunicar-se de forma a se sobrepor diante do outro - e a necessidade de se estabelecer uma comunicação que possibilite uma convivência pacífica com os semelhantes, a fim de que aumentem as chances de perpetuação não somente de um indivíduo, mas da espécie humana.

Passando de uma análise mais ampla para uma mais individual, poderíamos nos perguntar: por que algumas pessoas têm mais dificuldades do que outras nessa área? No âmbito do desenvolvimento psicológico do indivíduo e de sua forma de se comunicar, é provável que aqueles que sentem uma maior dificuldade em desenvolver uma boa relação interpessoal não tenham tido a oportunidade de se deparar com modelos adequados, ou tenham sofrido difíceis contingências em sua vida que dificultaram a adoção de uma forma usual de comunicação mais adequada. Por sua vez, experiências negativas relacionadas ao contato social, especialmente quando foram muito intensas ou as únicas vividas, têm grande probabilidade de diminuir a autoestima, ou seja, a forma como a pessoa se percebe e se avalia.

### Avaliando o seu comportamento

Para avaliar o seu padrão de comunicação, imagine as seguintes situações e escolha a opção que corresponderia, na maioria das vezes, à sua forma de reação:

1. Você emprestou dinheiro para um amigo do trabalho que combinou de lhe pagar quando recebesse o próximo salário, mas uma semana após a data do seu pagamento o amigo ainda não fez nenhuma menção à dívida. Sua atitude é:
   a) esperar até que o amigo se manifeste.
   b) cobrar o pagamento ouvindo a justificativa para o não pagamento, mas afirmando que precisa do dinheiro.
   c) chamá-lo de irresponsável e exigir que ele pague juros pelo atraso.

2. Você atende ao telefone e uma pessoa pede para que você contribua com uma campanha filantrópica com uma quantia fixa mensal. Você então:
   a) diz timidamente que não quer colaborar, mas cede à insistência da pessoa para se livrar da situação ou por temer a sua reprovação pelos outros por ter negado um pedido de ajuda.
   b) elogia a campanha mas pede desculpas por não poder contribuir e pede licença para desligar o telefone.
   c) agride verbalmente a pessoa por tê-lo incomodado em sua casa, avisa para não ligar mais e desliga o telefone enquanto a outra pessoa ainda está falando.

3. Você admira profundamente uma pessoa que não lhe conhece e, por coincidência, senta-se ao lado dela durante uma viagem. Você então:
   a) tem muita vontade de expressar sua admiração mas passa toda a viagem calado, por vergonha do que a pessoa possa pensar de você ou por achar que ela não gostaria de conversar com você.
   b) apresenta-se e afirma que admira a pessoa, tomando o cuidado de respeitar o direito do outro de não querer conversar naquele momento.
   c) apresenta-se e afirma que admira a pessoa, insistindo em conversar com ela, mesmo que esta esteja se preparando para dormir, pois não quer perder essa oportunidade única.

4. Você comprou um produto no supermercado; após ter pago e já se retirando percebe que o caixa lhe deu dinheiro a menos no troco. Você então:

a) imagina que irá atrapalhar se interromper o serviço do caixa e vai embora um pouco chateado com o dinheiro perdido.
b) retorna ao caixa e afirma que está faltando uma quantia para o troco correto, pedindo para que ele complemente o dinheiro. Caso o caixa negue-se a pagar, chama o gerente para explicar a situação e afirma que tem o direito de receber a parte que falta.
c) acusa em voz alta o caixa de querer enganá-lo e exige o dinheiro, ameaçando denunciá-lo ao gerente.

5. Você deixou seu carro na oficina e está sem transporte para ir ao trabalho por alguns dias, mas você sabe que um colega passa todos os dias próximo a sua casa. Você então:
    a) não fala nada porque prefere não incomodar ninguém com favores e vai de ônibus.
    b) pergunta ao colega se ele pode dar-lhe carona durante esses dias.
    c) pede carona ao colega na frente dos outros dizendo que isto não custaria nada para ele. Em seguida, pergunta se ele não poderia sair um pouco mais cedo de casa.

Se você marcou "b" na maioria das situações acima, provavelmente você tem um padrão de comportamento assertivo. Porém, se a opção "a" foi a mais predominante, seu comportamento é característico de um padrão não assertivo. E finalmente, caso tenha marcado em maior número a opção "c", sua maneira de se comunicar com as pessoas parece ser do tipo agressivo.

## O comportamento assertivo

É chamado de *comportamento assertivo*\* o de expressar aos outros o que se pensa e sente, agindo em favor de si mesmo, de acordo com os próprios direitos e respeitando os direitos dos outros. É importante observar que a definição não especifica o tipo de pensamento ou sentimento. Há pessoas que têm uma dificuldade de expressão generalizada. Para outras, a dificul-

---

\* Adjetivo de asserção, do latim *assertione*, que significa afirmação.

dade é restrita (ou bem maior) para expressar sentimentos e pensamentos negativos, e outras podem ter maiores problemas com a expressão de sentimentos e pensamentos positivos.

Agir de forma assertiva permite sentir-se bem consigo mesmo, porque aumenta as chances de você:

- estabelecer relações honestas com os outros;
- adquirir uma postura mais ativa, desenvolvendo sua capacidade de decidir e agir e facilitando a obtenção daquilo que você realmente quer na sua vida;
- aumentar sua autoconfiança, pelo fato de ter um maior controle sobre as situações do dia a dia;
- ganhar o respeito das pessoas à sua volta.

Por estar atenta às suas necessidades e aos seus direitos, e também por reconhecer que o outro tem direitos que precisam ser respeitados, a pessoa assertiva consegue lidar melhor com as situações de conflito. A mensagem subjacente é a de que você e eu podemos ter nossas diferenças, mas temos o direito de expressá-las mutuamente de forma respeitosa, na tentativa de buscarmos a melhor alternativa para satisfazer às minhas e às suas necessidades e interesses.

A assertividade não deve ser vista como uma característica de personalidade com a qual alguns nascem e outros não. O comportamento assertivo pode ser aprendido. Outra ideia que precisa ficar clara é a de que ninguém é assertivo sistematicamente em todas as ocasiões. Por exemplo, você pode achar fácil ser assertivo com estranhos, mas ter dificuldade em ser assertivo com seus pais. Aprimorando o seu comportamento, você deverá ter a capacidade de ser assertivo inclusive com eles, mas poderá escolher quando e onde exercer sua assertividade.

Em contraposição ao comportamento assertivo, podemos citar outros dois padrões de comunicação: o *comportamento não assertivo*, também chamado de passivo ou submisso, e o *comportamento agressivo*.

## O comportamento não assertivo

Como pode ser verificado pelas respostas de opção "a" para as situações apresentadas no início deste capítulo, a expressão dos pensamentos e sentimentos do sujeito não assertivo é prejudicada porque ele está mais preocupado em evitar um conflito do que satisfazer às suas próprias necessidades. O não assertivo acredita que, se manifestar seus verdadeiros desejos e opiniões abertamente, certamente provocará grandes conflitos e sentimentos negativos como a raiva ou a decepção dos outros para com ele. Situação que considera irreparável.

Quando depara com um conflito entre o que quer fazer e o que a outra pessoa espera dele, o não assertivo tende a sentir-se errado, culpado e ansioso, e acaba por ceder em favor daquele. Apesar de sentir-se explorado, o não assertivo não consegue dizer "não" aos outros. Ele normalmente acredita que seus sentimentos e pensamentos não são tão importantes quanto os dos outros.

As dificuldades no relacionamento interpessoal geralmente o tornam descontente e frustrado com o seu desempenho, reduzindo sua autoestima. O não assertivo utiliza-se da esquiva de situações e da evitação social como um dos poucos recursos de que dispõe para conter maior sofrimento. Sua postura é passiva. Ele tende a falar baixo e a não olhar diretamente ao outro. Seu corpo parece revelar um estado permanente de tensão e de submissão. Ao falar, retém suas opiniões, sentimentos e necessidades parcial ou completamente.

Geralmente a pessoa que tem dificuldade em ser assertiva aprendeu, desde pequena, a buscar a aprovação e orientação dos mais velhos e a duvidar de sua própria percepção e julgamento. Dessa forma, como adulto ela tende a ser facilmente influenciada e conduzida pelos outros.

## O comportamento agressivo

Partindo da definição do comportamento assertivo, verificaremos que, ao se comunicar de forma agressiva, a pessoa consegue expressar-se e agir em seu favor, mas para fazer isto, transgride os direitos do outro.

Observe agora as respostas de opção "c" nos exemplos citados no começo do capítulo. A comunicação agressiva dá-se por meio de uma postura de autoridade, ou seja, a pessoa parece falar com seus subordinados. Sua fala está repleta de sarcasmos, afirmações retóricas, ameaças e acusações. Sua expressão corporal muitas vezes envolve atitudes como apontar para o outro o dedo em riste, bater na mesa e falar alto. A mensagem subjacente à comunicação agressiva é: "eu sou superior e estou sempre certo, enquanto você é inferior e está errado".

Comunicar-se de modo agressivo muitas vezes traz benefícios, porque as pessoas frequentemente cedem ao agressor apenas para se verem livres dele. Ao ser agressivo, a princípio você pode sentir-se no seu direito ou até superior aos outros, mas o custo é muito alto. Surgem como consequências de seu comportamento agressivo, sentimentos negativos como raiva, vingança, desprezo e falta de respeito em relação a você. A longo prazo, isso pode trazer frustração e isolamento social. A agressão também tende a criar inimigos com quem você poderá ter que negociar no futuro.

Pessoas que adotaram um padrão de comunicação agressiva parecem ter uma percepção supervalorizada de si mesmas. Mas pode ocorrer que, por trás dessa postura haja uma história de fragilidade e insegurança. O comportamento agressivo pode ser uma resposta aprendida a partir do modelo de comunicação disponível em casa, como uma atitude de defesa às agressões que a própria pessoa possa ter sofrido pelos pais quando criança. Outras pessoas agressivas podem ter sido levadas pelos pais a acreditar que eram superiores aos outros, desde cedo. Preconceitos aprendidos na infância podem conduzir a uma agressão sutil ou aberta na vida adulta.

## Desenvolvendo o comportamento assertivo

Estabeleceremos, a seguir, alguns passos importantes para que você possa aprender a desenvolver um comportamento mais assertivo:

*1. Esteja ciente de seus direitos*

A primeira medida que você deve procurar tomar é identificar e acreditar que, como qualquer pessoa, você é possuidor de direitos que são legítimos. Esta é uma premissa básica. E para levá-la adiante, você precisa reconhecer e acreditar que deve lutar por seus direitos, não deixando alguém desrespeitá-los e desta maneira agindo sem qualquer sentimento de culpa.

Uma pessoa que tem a autoestima baixa terá maiores dificuldades. Normalmente, o não assertivo é justamente uma pessoa de baixa autoestima, e como tal, desenvolveu várias crenças inadequadas que dificultam o reconhecimento de seus direitos ou, pelo menos, a capacidade de exercê-los. Ao tentar expressar-se, o medo de ser desaprovado ou criticado pode falar mais alto (às vezes o não assertivo costuma pedir antecipadamente desculpas pela sua opinião). Para aumentar as chances de sucesso, ele deve inicialmente lidar melhor com sua autopercepção. O ideal para esta pessoa seria buscar o apoio de uma psicoterapia para ajudá-la a criar uma imagem de si mesma mais adequada, procurando melhor conhecer as causas de sua autopercepção negativa e buscando vivenciar novas experiências mais adequadas no contato social.

Apresentamos a seguir uma lista com alguns direitos assertivos confrontados lado a lado com uma forma inadequada de avaliar a mesma situação. Assim, para cada crença não assertiva há a exposição de um direito assertivo correspondente. Você deverá então julgar o seu desempenho e marcar na coluna da direita:

**NA** = quando julgar que desconhece ou não luta por seu direito assertivo
**A** = quando julgar que reconhece e luta por seu direito assertivo

| Crença não assertiva | Direito assertivo | NA/A |
|---|---|---|
| 1. É egoísmo colocar minhas necessidades antes das necessidades dos outros. | Tenho o direito de me colocar em primeiro lugar às vezes. | _____ |
| 2. Devo ser sensível às necessidades e desejos dos outros, mesmo quando eles não conseguem me dizer o que querem. | Tenho o direito de não antecipar as necessidades e os desejos dos outros. | _____ |
| 3. Devo corresponder às expectativas dos outros. | Tenho o direito de decidir se satisfaço às necessidades de outras pessoas ou se comporto-me segundo meus interesses, desde que não viole os direitos dos demais. | _____ |

4. Se reagir às brincadeiras que os outros fazem comigo, eles poderão deixar de ser meus amigos.

Tenho o direito de ser tratado com respeito e dignidade.

_____

5. Não devo tomar o tempo valioso dos outros. As pessoas não querem ouvir o que penso ou como me sinto.

Tenho o direito de ser ouvido e levado a sério.

_____

6. Devo respeitar os pontos de vista dos outros, especialmente se eles estão em uma posição de autoridade. Devo concordar com eles, mesmo que sejam diferentes de minha opinião.

Tenho o direito de expressar meus pensamentos, sentimentos e opiniões e aceitá-los como legítimos, independentemente da opinião dos outros.

7. Se não posso convencer alguém que os meus sentimentos são razoáveis, então eles devem estar errados.

(o mesmo do item 6)

_____

8. É vergonhoso cometer erros ou enganos.

Tenho o direito de errar, desde que assuma a responsabilidade pelas consequências do meu erro.

_____

9. Devo tentar ser sempre lógico e consistente com uma opinião por mim dada anteriormente.

Tenho o direito de mudar de opinião.

_____

10. Devo ser flexível e me adaptar. Os outros devem ter boas razões para suas ações e seria indiscreto questioná-los.

Tenho o direito de questionar o que não gosto e de mostrar minha insatisfação se receber um tratamento injusto.

_____

11. Se não me adaptar aos outros, ninguém vai me ajudar quando eu precisar de ajuda.

Tenho o direito de dizer "não" aos pedidos dos outros, sem sentir-me culpado ou egoísta por isto.

_____

12. Não devo entrar em conflito com ninguém, mesmo quando ache que tenho razão.

Tenho o direito de falar sobre um problema com a pessoa envolvida e esclarecê-la dos meus direitos, nos casos em que os direitos de cada um não estejam totalmente claros.

_____

| | |
|---|---|
| 13. Não devo incomodar as pessoas fazendo pedidos. | Tenho o direito de pedir o que quiser, respeitando o direito da pessoa de dizer "não". _____ |
| 14. A situação poderia até estar pior; é melhor não procurar mudar as coisas. | Tenho o direito de negociar mudanças que me beneficiem, respeitando os direitos dos outros. _____ |
| 15. Devo ser modesto quando elogiado. | Tenho o direito de receber formal reconhecimento por minhas qualidades, habilidades ou pelo meu trabalho. _____ |
| 16. Não devo ser antissocial. As pessoas pensarão que não gosto delas se eu disser que prefiro ficar só em vez de ficar com eles. | Tenho o direito de estar só, mesmo que outros solicitem a minha companhia. _____ |
| 17. Eu sempre devo ter uma boa razão para o que sinto ou faço. | Tenho o direito de não dar justificativas para os outros. _____ |
| 18. Quando alguém está em dificuldade, devo dar-lhe ajuda. | Tenho o direito de não assumir responsabilidade pelo problema de outra pessoa. _____ |
| 19. Sempre é uma boa política confiar na boa vontade dos outros. | Tenho o direito de não confiar apenas na boa vontade dos outros. _____ |
| 20. Passarei por ridículo ou por chato se reclamar de um produto que comprei e que veio com defeito ou trocado. | Tenho o direito de obter aquilo pelo que paguei. _____ |

## 2. Identifique como você está se sentindo na situação

O passo seguinte seria aprender a identificar melhor os seus desejos, necessidades e sentimentos diante de uma situação específica. A partir dessa identificação é que você terá condição de expressar aquilo que realmente está pensando e sentindo. Para facilitar essa identificação, torne o mais claro e específico possível aquilo que você quer, pensa ou sente, utilizando expressões bem definidas: "*Eu quero* ir a outro lugar", "*Eu não quero* pagar essa conta sozinho", "*Eu gostaria que você* entendesse o meu ponto de vista", "*Eu tenho uma opinião diferente. Eu penso que* você não está com a razão". Procure também nomear e descrever os seus sentimentos: "Eu me sinto *triste*", "Eu fiquei *feliz* por você ter falado *isso*." Quando o sentimento não está tão claro, às vezes é útil você procurar descrever as sensações que aquela situação produziu em você, usando uma linguagem metafórica: "Quando você me interrompeu, eu *me senti como se tivesse sido atropelado*". Ou ainda tentar relatar que tipo de ação o sentimento lhe induz a fazer: "Eu me sinto *com vontade de convidá-la* para um jantar."

### 3. Relacione o seu sentimento com um comportamento específico da pessoa

Após identificar o seu sentimento na situação, é importante relacioná-lo com algum comportamento específico da outra pessoa, e não à pessoa como um todo. Descreva como o comportamento dela o afeta especificamente. Dessa forma, você fornece a pista para que a pessoa possa identificar certas consequências de seu ato que talvez não tenha percebido ainda. Por exemplo: "Eu fiquei chateado *quando você tomou a decisão sem me consultar*", "Eu me senti magoado com *a maneira ríspida com a qual você falou comigo*".

Ao fazer essa descrição, é importante você tomar o cuidado de sempre fazê-la na primeira pessoa e descrever o seu sentimento: "*Eu me senti* desprezado, alegre, incomodado...". Agindo assim, você corre menos risco de provocar no outro a sensação de que você o está acusando, o que poderia ocorrer facilmente caso você fizesse uma afirmação do tipo: "*Você* me desprezou, me incomodou...". Quando isto ocorre, as reações mais comuns a essas "acusações" são uma resposta evasiva ou defensiva: "Mas eu não fiz isso...", ou então uma resposta que devolve a acusação: "Você foi o culpado pela situação...". Observe que ao adotar a primeira pessoa e descrever o seu sentimento, mesmo que o seu interlocutor tente argumentar que não tinha a intenção de magoá-lo, você pode dizer que entende isso, mas não pode negar aquilo que sentiu ou está sentindo.

### 4. Evite fazer suposições ou referências aos motivos do comportamento do outro

Em vez de tentar fazer uma interpretação ou uma análise das causas do comportamento do outro, opte por perguntar diretamente à pessoa as razões de sua conduta. Assim você tem melhores condições de avaliar o que realmente aconteceu, evitando interpretações equivocadas dos fatos.

Sentimentos de frustração ou raiva podem interferir drasticamente na nossa análise dos fatos. Portanto, mesmo quando você está procurando expressar-se de forma assertiva, é preciso muita atenção para não agredir o outro de uma maneira sutil. Isso pode ocorrer quando você tenta atribuir razões pelas quais a pessoa agiu daquela forma. A sutileza da agressão está no fato de que essas razões não são "politicamente corretas" e a sua colocação torna-se, na verdade, uma discreta acusação.

*5. Tenha cuidado na escolha das suas palavras*

Uma legítima expressão de sentimentos ou pensamentos pode ser desconsiderada, caso você escolha palavras inadequadas. Você não pode reivindicar direitos se não demonstra respeito (pelos direitos do outro) ao falar. Evite palavras ou expressões que possam indicar uma postura radical ou absolutista ("Você *sempre* faz isso...", "Você *nunca* me dá atenção..."); evite afirmações sarcásticas ou agressivas ("*Só uma pessoa como você* poderia fazer isso...", "Você fez de propósito *para me prejudicar...*", "Você *precisa aprender a respeitar as pessoas...*"). Tome cuidado ainda para não rotular as pessoas ("Você *é louco...*", "Você *é um doente...*").

*6. Atente para sua comunicação não verbal*

Quando nos comunicamos, o fazemos de forma verbal e não verbal e deve haver uma coerência entre a mensagem falada e aquela que o nosso corpo parece "dar a entender". É possível que você tenha que treinar isso e se aperfeiçoar com a prática. Ao falar, procure avaliar se o conteúdo da mensagem que você está querendo passar está adequado à forma como você a está comunicando. Perceba se você mantém um volume de voz nem muito alto nem muito baixo e um ritmo de voz nem muito lento nem rápido demais. Procure falar abertamente, de forma clara, usando uma entonação que dê destaque às palavras principais de sua mensagem.

Analise também a sua postura corporal, especialmente quanto à expressão facial. Não é muito convincente falar que está chateado ou com raiva, mostrando um sorriso tímido no rosto. Você pode estar passando uma ideia diferente: "Desculpe-me por estar me sentido assim". Procure olhar diretamente para o seu interlocutor e manter-se numa posição corporal ereta, que demonstre segurança e firmeza.

*7. Certifique-se de que suas colocações não foram mal entendidas*

Nem sempre podemos garantir que a mensagem que procuramos transmitir foi recebida adequadamente. Para se certificar de que a pessoa a entendeu adequadamente, peça para que ela se manifeste a respeito de suas colocações, perguntando algo como: "Gostaria de saber se você entendeu o meu ponto de vista. Qual a sua opinião a respeito?"

*8. Uma vez colocadas as suas necessidades, esteja disposto a ouvir as do outro*

Após o esclarecimento de suas necessidades e de seus direitos, é preciso lembrar que o outro também os possui. Ao respeitá-los, você se mostra coerente com sua posição assertiva. Lembre-se de que seu objetivo ao expressar-se não é de fazer prevalecer o seu ponto de vista a qualquer custo (atitude agressiva). Pelo contrário, sua preocupação deve estar voltada para satisfazer suas necessidades, mas dentro dos limites de seus direitos e não ignorando os direitos do outro (atitude assertiva).

Muitas vezes nesse percurso, a ocorrência de conflitos de interesses é inevitável. Você não deve se preocupar em tentar evitá-los a todo custo (atitude não assertiva), mas estar preparado para lidar com eles quando surgirem. No momento em que duas ou mais pessoas procuram satisfazer necessidades concorrentes e não está claro até onde vai o direito de cada um, o melhor a fazer é procurar uma saída intermediária. É preciso que ambos cedam em algum aspecto para que possa ser encontrada uma alternativa que atenda parcialmente às necessidades de cada um. É necessário ainda o desenvolvimento da capacidade de negociação. Bom senso e flexibilidade são componentes básicos dessa capacidade.

Finalmente, esteja atento para mais alguns detalhes que são importantes para sua trajetória no desenvolvimento de um comportamento mais assertivo:

- cultive sempre o desejo de mudar o seu comportamento para melhor. É esse desejo que o fará mover-se na direção do seu desenvolvimento pessoal;
- assuma uma atitude de aprendiz. Quem está aprendendo deve estar consciente da importância da prática. Não há soluções mágicas. Para aprender a ser assertivo você terá que praticar muito. Aproveite todas as ocasiões em que possa apresentar um comportamento assertivo. No início, é importante até você proposi-

tadamente se expor mais a situações onde a assertividade se faça necessária;
- procure estabelecer metas pequenas e mais fáceis de serem alcançadas antes de procurar atingir objetivos mais audaciosos. É muito importante para manter-se motivado, que você experiencie o seu sucesso na maioria das vezes;
- valorize todas as conquistas e metas atingidas. Isso o ajudará a manter uma boa autoestima e aumentará sua autoconfiança;
- não tenha o receio de arriscar-se por medo de errar. Somos todos imperfeitos e o erro faz parte de qualquer aprendizagem. Só erra quem está se esforçando para acertar. Além do mais, se você tentar evitar qualquer erro, certamente irá se sentir paralisado e conformado com um comportamento pouco assertivo.

### O comportamento assertivo e o stress nas relações humanas

Espero que tenha ficado claro ao leitor que comportar-se de forma assertiva não garante o fim dos conflitos e impasses, a certeza de sempre obter aquilo que se quer ou a felicidade. Com certeza, a convivência humana ainda reservará muitas situações geradoras de stress. O importante é perceber que, adotando uma postura assertiva, você terá mais chances de lidar com os conflitos e com o stress gerado pelas dificuldades inerentes às relações humanas.

### Referências bibliográficas

ALBERTI, R. E.; EMMONS, M. L. *Comportamento assertivo: um guia de autoexpressão*. Belo Horizonte: Interlivros, 1978.

CABALLO, V. E. Manual de técnicas de terapia e modificação do comportamento. In CABALLO, V. E. (Coord.). *O treinamento em habilidades sociais*. São Paulo: Editora Santos, 1996, pp. 361-398.

MASCI, Cyro. *Treinamento em habilidades sociais*. Santo André, s.d. 19 p. (mimeografado).

## *Aprendendo a se estressar na infância*

# APRENDENDO A SE ESTRESSAR NA INFÂNCIA

*Valquíria A. C. Tricoli e Márcia M. Bignotto*

> *Vossos filhos não são vossos filhos.*
> *São os filhos e as filhas da ânsia da*
> *vida por si mesma*
> *Vêm através de vós, mas não são de vós*
> *E, embora vivam convosco, não vos pertencem.*
> *Podeis outorgar-lhes vosso amor,*
> *mas não vossos pensamentos*
> *Porque eles têm seus próprios pensamentos.*
> Gibran Khalil Gibran

## Considerações iniciais

O presente capítulo tem dois objetivos específicos. O primeiro é apresentar uma visão teórico-prática de como se formam na infância as fontes internas de stress, ou seja, os pensamentos, as ideias, as atitudes, a maneira de perceber a si e o mundo pois é essa formação que dá origem a comportamentos adequados ou não frente a situações do dia a dia e que, em casos de práticas parentais inadequadas, talvez acarretem o stress infantil. O segundo objetivo é oferecer orientações a profissionais, pais e professores sobre como proceder na prevenção e tratamento dos sintomas do stress.

## O que são fontes internas?

O stress não surge sozinho. Algo tem que precipitá-lo. Algumas vezes as fontes de stress ou estressores, como é chamado pelos psicólogos tudo o que gera stress, são eventos que ocorrem na vida da criança e que ultrapassam sua capacidade de adaptação. Noutras vezes, não se identifica fato algum que poderia estar gerando stress e, no entanto, a criança começa a apresentar sintomas característicos do problema. Nesse caso, devemos pensar na possibilidade da existência de fontes internas de stress.

As fontes internas referem-se às características de personalidade, pensamentos e atitudes da criança ante as várias situações que ela precisa enfrentar em sua vida. Assim sendo, o stress pode ser criado por ela própria, de acordo com sua maneira de perceber a si e o mundo ao seu redor.

As suas características pessoais são formadas por meio dos ensinamentos que lhe são transmitidos direta ou indiretamente nos seus relacionamentos diários com adultos significativos (pais, professores, irmãos, parentes mais próximos, amigos da família etc.), o que faz com que ante o mesmo estressor, as crianças tenham reações diferentes.

## Como se formam as fontes internas?

O desejo da grande maioria dos pais é o de ter filhos bem educados, ordeiros, obedientes e que respeitem os outros. No entanto, as crianças não nascem sabendo como agir nas diferentes situações, e desse modo cabe aos pais a educação dos filhos. Para educá-los é necessário fazer aquilo que os psicólogos chamam de "socialização", que nada mais é do que ensinar a criança a viver bem na sociedade, com comportamentos aceitáveis social e culturalmente. Com esse objetivo, a maioria dos pais passa seus valores aos filhos. Muitos enfatizando a necessidade de serem "bonzinhos", de pensarem primeiramente nos outros, pois pensar primeiro em si "é feio", a se preocuparem com o que os outros vão pensar e assim por diante... Até certo ponto, a intenção dos pais é positiva e a criança precisa ser conscientizada de que não existe somente ela no mundo, pois isto a tornaria egoísta, insensível e rude, sem conseguir adaptar-se socialmente. Por outro lado, se os pais exagerarem nessas mensagens, enfatizando excessivamente o "ser bonzinho", o "ser perfeito todo o tempo", a criança passa a desenvolver pensamentos muito rígidos, medo de falhar, que funcionam como verdadeiras fábricas de stress. Assim sendo, uma criança que tenha aprendido que "é extremamente necessário que as pessoas ao seu redor aprovem tudo o que faz, para poder ser aceita", tornar-se-á um adulto que tentará agradar as pessoas que o rodeiam o tempo todo, buscando ser querido e aprovado por todos. Como isso não é possível, essa pessoa estará sempre infeliz, com um forte sentimento de estar falhando e de que não será aceita e amada por todos.

Do mesmo modo, aquela criança que aprendeu a sempre colocar os outros em primeiro lugar, tenderá a se transformar em um adulto que não defende seus direitos, não sabe dizer "não", não consegue lutar pelo seu espaço e, muitas vezes, deixa-se prejudicar pelos outros. Ela pode se tornar uma pessoa constantemente insatisfeita, sentindo-se incompreendida, "aprisionada dentro do seu próprio eu", sem saídas.

É sem dúvida extremamente importante socializar a criança, ensinando-lhe como se comportar socialmente, contudo, não se pode exagerar nestas mensagens de socialização, colocadas à criança como regras rígidas, uma vez que ela poderá entender que deve ser perfeita, boazinha, polida, gentil, que errar nem pensar... Será que isso lhe será benéfico na vida adulta? Há momentos na vida em que a pessoa necessita se impor, defender seus direitos e impedir que os outros a humilhem e tirem vantagem sobre ela; isso se chama ser "assertiva", que nada mais é que saber agir no momento certo com o comportamento adequado (falar, impor-se ou omitir-se, dependendo da situação). Para isso, é importante saber a hora em que nossos direitos vêm primeiro e quando os dos outros tomam precedência e devem ser respeitados.

É fundamental obter um equilíbrio entre os direitos dos outros e os nossos, de modo a não ser egoísta o tempo todo ou por outro lado, extremamente passivo e permissivo; é saber dizer sim ou não com segurança e tranquilidade. Essas características do adulto vão aos poucos sendo apreendidas na infância, por meio das atitudes e mensagens que seus pais e professores vão lhe ensinando. Assim sendo, essas informações não podem ser transmitidas rigidamente, pois a criança capta essa rigidez, passando a pensar e agir de modo inflexível, tornando-se vulnerável ao stress.

Outro pensamento que tende a se formar na infância é que acertar nada mais é do que uma obrigação. Ela passa a acreditar que errar é algo inadmissível e precisa ser punida, assim a criança tende a desenvolver uma forte pressão interna, pois teme a punição. Esse processo pode desenvolver a formação do que os psicólogos denominam "baixa autoestima" ou "autoestima negativa", que significa ter uma visão negativa de si própria, sentindo-se todo o tempo incapaz, o que se constitui em mais uma fonte interna de stress.

Pais que não conseguem impor limites e manter suas decisões muitas vezes acabam ameaçando a criança com castigos que não são de seu alcance, como os de Deus. Desse modo eles promovem nas crianças o desenvolvimento de medos muito intensos e incontroláveis de serem castigadas por uma força superior. Assim, ao fazer algo errado, como responder aos pais, brigar com o irmãozinho, a criança teme ser castigada. Se, por acaso, levar um tombo logo em seguida, ela pode pensar que é um castigo de Deus. O medo constante de ser observada, da possibilidade de um castigo divino representa uma pressão intensa, que pode funcionar como mais uma fonte interna de stress.

Frequentemente os adultos não respeitam os diferentes contextos e situações de vida da criança, e por meio das mensagens rígidas e, quase sempre bem intencionadas, que se somam aos sentimentos e emoções das próprias crianças, as fontes internas de stress vão se formando e aos poucos se cristalizando, gerando o stress na infância e consequentemente na vida adulta, se não for percebido durante o seu processo de formação.

Por outro lado, muitos pais tentam evitar que os filhos sofram qualquer tipo de frustração, tristeza, desilusão e tensão. Isso, por sua vez, não é o comportamento mais adequado, pois diversas pesquisas, dentre elas as da psicóloga Marilda Lipp, demonstram que poupar as crianças em demasia pode levá-las a uma baixa tolerância à frustração, desenvolvendo uma alta probabilidade de tornarem-se adultos vulneráveis ao stress.

Assim os pais, a escola, a comunidade, a família e demais instituições influenciam as crianças, levando-as a adquirirem certos comportamentos que podem desencadear um stress mais intenso.

Convém ressaltar que, ao analisar o papel da família e em especial dos pais no que se refere à formação das fontes internas de stress, o propósito não é o de culpar, mas o de propiciar uma reflexão que possa auxiliar no relacionamento de pais e filhos. O objetivo é possibilitar controle e prevenção do stress infantil, pois é fundamental que a criança não aprenda a se estressar na infância, a fim de não se tornar um adulto vulnerável ao stress.

### Quais são as fontes internas de stress?

As fontes internas de stress têm início na infância, de acordo com as mensagens e valores transmitidos pelos adultos responsáveis pela educação da criança, principalmente por meio de seus comportamentos, uma vez que o mais marcante na infância são os atos, que aos poucos são por elas assimilados e imitados.

O stress pode vir a ser criado pela própria criança, de acordo com a sua aprendizagem social, seus pensamentos, tipo de personalidade e atitudes. Assim sendo, a família, em especial os pais, a escola, a comunidade e as outras instituições que a criança frequenta com certa assiduidade, a influenciam direta e indiretamente, levando-a a adquirir comportamentos que podem desencadear um stress intenso.

Dentre esses comportamentos, destacamos:

*Timidez*

A criança, quando tímida, tende a se isolar, fugir ou evitar certas situações em seu dia a dia, como contato com os colegas, ir a festas, apresentar trabalhos em sala de aula, praticar esportes, levando-a ao retraimento e consequentemente ao isolamento social. Essa criança passa a ser chamada de "desadaptada", ou seja, passa a apresentar dificuldade de adaptação, tornando-se vulnerável ao stress, pois tende a se isolar, demonstrando apatia, fechando-se em si própria, criando um mundo só seu.

Esse comportamento pode ser observado mais frequentemente no início da escolaridade, na readaptação escolar ou ante as novas situações sociais ou escolares, que a criança precise vivenciar e que possam desencadear crises de stress, por ela não se sentir preparada para essas vivências.

*Ansiedade*

A ansiedade já é um conceito mais complexo para esta análise, pois ora pode ser o fator desencadeante do stress, ora pode ser desencadeada por ele, quando a criança já se encontra estressada. Manifesta-se por agitação, irritabilidade excessiva, intranquilidade, inquietação, medo de que algo de ruim aconteça, ameaçando sua segurança.

Quando ansiosa, a criança pode vivenciar uma sensação de perigo iminente. Às vezes o perigo não existe, foi criado internamente por ela. Outras vezes não apresenta, na realidade, um grau de seriedade que justifique o medo.

Há várias situações que podem desencadear a ansiedade na infância, uma delas pode estar relacionada à *sensação de desamparo*, como mencionam diversos psicólogos dentre eles Marilda Lipp, pois a criança sente-se desprotegida ante uma situação que não se encontra apta a enfrentar, gerando uma forte sensação de pressão. Por exemplo, provas no colégio, falar com pessoas adultas desconhecidas, iniciar um novo ano escolar, dentre outras situações, podem desencadear ansiedade em determinadas crianças. Outra fonte que pode gerar a ansiedade na criança é quando ela é obrigada a conter sentimentos de hostilidade, por exemplo, ter que conter sua raiva, diante dos pais, professores e colegas. A inibição forçada desses sentimentos pode gerar forte sensação de angústia, principalmente por não saber como resolver essas situações.

*Castigos divinos*

O medo dos castigos divinos não é um problema de ordem religiosa, mas um valor transmitido às crianças por adultos significativos, mediante a falta de autoridade perante a criança. Assim, para a criança, a mensagem transmitida é a seguinte: "Deus vê tudo, então ele sabe tudo o que eu faço, então ele poderá me punir a qualquer momento e de modo inesperado", o que a deixa muito exposta e desprotegida. Esse aspecto é frequentemente uma fonte geradora de stress excessivo na infância.

*Autoestima*

A autoestima é outro aspecto que vai se formando na infância. Assim, se a criança é somente criticada, ela tende a desenvolver uma autoestima negativa, a achar que tudo que faz é feio, que é incapaz, que todos são melhores que ela e tende a sempre verbalizar: "não consigo", "não sei". Mesmo que saiba e consiga, acaba não percebendo sua real capacidade. Por outro lado, se a criança é ora elogiada, ora criticada indistintamente, sem uma previsibilidade, a criança torna-se vulnerável e sua autoestima acaba se tornando flutuante, pois uma grande insegurança acaba se instalando ante seus comportamentos, uma vez que não são consistentes os comportamentos dos adultos que com ela convivem. Nesses casos ela passa a depender excessivamente da opinião dos outros para se sentir segura. A autoestima positiva forma-se a partir de atitudes coerentes e consistentes do adulto diante do comportamento da criança, não se colocando em discussão amor, bondade, beleza, mas corrigindo adequadamente o comportamento inadequado e valorizando os adequados, numa mesma proporção.

A maneira pela qual a criança se vê, a necessidade de agradar a todos, principalmente os colegas, o medo de não ser bem-sucedida, a necessidade de acertar sempre, a dificuldade em lidar com a frustração, preocupações com seus aspectos físicos, autodúvidas quanto à sua inteligência e o seu desempenho podem deixar a criança também muito vulnerável ao stress.

## Formação das crenças irracionais como fontes de stress

As crenças irracionais são explicadas como sendo o conjunto de ideias e valores de conduta sobre a vida em que se baseiam as regras de como as pessoas devem pensar e agir nas diferentes situações de seu dia a dia, e que podem levar à aquisição de comportamentos inadequados e resultar em um desgaste para o indivíduo. Nada têm a ver com as crenças religiosas da pessoa. São chamadas de crenças por serem maneiras muito fixas e determinadas de pensar. O termo "irracional" se refere ao fato de que são modos de pensar que refletem expectativas que não podem nunca ser satisfeitas por estarem muito além do que um ser humano pode realizar, como achar que deve ser perfeito sempre.

De uma maneira mais simples, as crenças que uma pessoa possui significam a maneira como ela percebe a si mesma e ao mundo à sua volta.

A formação dessas crenças irracionais na infância é muito grave e merece atenção especial, pois além de ser uma das causas internas do stress será a condutora do comportamento da criança e continuará agindo por todo o seu processo de amadurecimento, até atingir a fase adulta.

As crenças irracionais são formadas por meio da influência dos pais, da família, do ambiente escolar, da religião e da sociedade em que a criança está inserida, pois sabe-se que as contingências ambientais e familiares modelam e mantêm o comportamento da criança.

**As crenças irracionais mais comuns são baseadas:**
- no desejo de agradar a todos, principalmente aos pais;
- no medo de não ser bem-sucedido em suas atividades;
- na preocupação com as mudanças físicas que estão ocorrendo nos pré-adolescentes;
- crenças religiosas que envolvam punição divina;
- na autodúvida quanto à inteligência, capacidade etc.;
- nas interpretações amedrontadoras de eventos comuns;
- na profecia autodestruidora do pensamento "não consigo".

A experiência clínica mostra evidência de que pais excessivamente exigentes e/ou superprotetores geram filhos perfeccionistas, ansiosos, inseguros e com muitas crenças irracionais. Uma das crenças percebidas nesses casos é a de que a criança precisa ter um desempenho sempre perfeito, pois, para ela, somente agindo dessa maneira é que será amada e respeitada por seus pais, e assim a importância de sua pessoa deixa de estar no *ser*, enquanto *ser criança*, e passa a estar no *fazer sempre tudo perfeito*.

## Quais são os sintomas de stress na criança?

Como ocorre com os adultos, as crianças submetidas ao stress podem desenvolver distúrbios de ordem física, psicológica ou ambos, dependendo da gravidade de stress a que estiverem expostas. O quadro seguinte revela alguns dos sintomas em crianças.

| Sintomas de stress infantil |
| --- |
| *Os sintomas físicos mais frequentes são:* <br> náuseas, dores de cabeça e barriga, diarreia, agitação motora, tensão muscular, gagueira, enurese noturna, ranger de dentes, tique nervoso. <br> *Os sintomas psicológicos são:* <br> agressividade, medo e choro excessivos, pesadelos, ansiedade, insegurança, dificuldades de relacionamento, distúrbios de atenção e concentração, desobediência, irritabilidade, impaciência, mudanças constantes no humor, depressão, desânimo, terror noturno, impaciência, dificuldades escolares, uso de drogas, dentre outros. |

Apresentamos a seguir um caso que talvez facilite a identificação de stress em algumas crianças. Logicamente, ao confirmar esses sintomas, recomenda-se que os pais procurem ajuda de um psicólogo especializado em stress para que a criança receba um tratamento adequado.

## Caso clínico: o tratamento do stress infantil de Graziela

*A criança e seus sintomas*

Graziela (nome fictício) é uma típica criança portadora do stress infantil. Ela tem 10 anos, é aluna da 5ª série de um colégio particular, pertencente à classe social média. Por intermédio da análise funcional foi verificado um nível excessivo de stress, medido pela Escala de Stress Infantil, publicada por Lipp e Lucarelli, que detectou um alto número de sintomas cognitivos. Vamos aos sintomas de Graziela: sentia muita tristeza, chorava muito, sentia ansiedade antes de realizar algumas atividades, tinha vômitos quase todos os dias, além de preocupações excessivas. Como causas do stress foram observadas algumas fontes internas, tais como intensas crenças irracionais - a necessidade de sempre fazer tudo da melhor maneira possível ("Preciso sempre ser perfeita, pois se eu errar significa que sou um fracasso"), preocupação em excesso com seu desempenho em todas as suas atividades -; como fontes externas, por meio da Escala de Reajustamento Social de Elkind, foi detectado um índice de 79% de probabilidade de que essa criança adoecesse em decorrência das mudanças ocorridas em sua vida nos últimos 12 meses, além de um grande número de atividades extracurriculares: fazer parte de equipes esportivas e cursos de aperfeiçoamentos educacionais.

*O tratamento*

O tratamento foi constituído de sessões com a criança e algumas orientações para os pais. As técnicas utilizadas foram a reestruturação cognitiva, o treino assertivo, a técnica de parada de pensamento, exercícios de respiração profunda e técnicas de relaxamento.

Muito importante foi a participação dos pais com a função de coterapeutas na eliminação do stress de sua filha. Após a avaliação diagnóstica, foi explicado aos pais que a cooperação deles seria valiosa para a melhora da criança, pois as técnicas ensinadas durante as sessões terapêuticas precisariam ser treinadas em casa com o acompanhamento e a supervisão de ambos os pais. Estes demonstraram muito interesse e empenho como coterapeutas. Eles sempre estiveram presentes nas sessões de orientação e treinavam em casa com a menina alguns exercícios de respiração profunda quando percebiam que ela estava ansiosa, participavam com ela no treino de relaxamento e muitas vezes a ajudavam a reconhecer alguns pensamentos que a estivessem preocupando.

Com o apoio familiar, o tratamento de Graziela ficou muito mais fácil, e a intensa participação dos pais como agentes facilitadores possibilitaram as mudanças necessárias nas atitudes da menina.

No final do tratamento o stress excessivo de Graziela havia sido eliminado e ela teve a iniciativa de deixar algumas de suas atividades extracurriculares, além de demonstrar por meio de suas atitudes e verbalizações as mudanças e a reestruturação de suas crenças irracionais. Após essa etapa a criança recebeu alta e encerrou o tratamento.

## Como prevenir

Algumas atitudes dos adultos significantes na vida da criança poderão ajudá-la, porém não existe uma receita prevenindo o stress na infância e colaborando para que se torne um adulto menos vulnerável ao stress.

A seguir listamos alguns comportamentos que podem auxiliar a criança a ser mais resistente ao stress.

### Como prevenir o stress infantil em casa

- Os pais precisam inicialmente cuidar de seu stress, pois servem como modelos para as crianças e por meio de seus comportamentos podem estar ensinando as crianças a agirem bem nas situações-problemas, ou por outro lado, com suas atitudes, podem estar estressando seus filhos.
- É útil que não se poupe a criança em demasia; por outro lado, o stress deve ser proporcional ao seu amadurecimento e à sua idade.
- Atitudes positivas e de aceitação podem incentivar a criança a resolver seus problemas, bem como melhorar sua autoestima.
- Procure entender a criança, não a sobrecarregando com atividades, promovendo o diálogo, procurando ouvir o que ela tem a dizer.
- Evite comparar as crianças, cada uma é uma.
- Em caso de conflitos conjugais, evite envolver as crianças; no caso de separação, é importante que a criança não se sinta responsável e obrigada a tomar um partido, ela precisa ter a certeza de que, acima de tudo, continuará a ter um pai e uma mãe.
- Estimule a independência, porém compartilhe as experiências e respeite sua etapa de desenvolvimento.
- Não substitua presença e carinho por presentes.
- Ofereça bons exemplos, segurança e um clima familiar estável.
- Saiba disciplinar de maneira clara e sistemática, pois limites e regras são fundamentais.
- Assuma a disciplina, não ameace a criança com Deus.
- Escolha a escola com cuidado, respeite a criança, ouça as suas queixas, pois ela pode estar vivendo um problema de fato.

### Como prevenir o stress infantil na escola

- Professor estressado pode estressar as crianças, além de servir-lhes como modelo; por isso, cuide de seu stress.
- Dê instruções claras, incentive o diálogo e o esclarecimento das dúvidas de seus alunos.
- Conheça seus alunos, saiba o que está acontecendo com cada um deles, respeite e incentive a individualidade de cada um.
- Não os sobrecarregue com atividades, pois eles podem se tornar aversivos.
- Incentive a solução de problemas em grupo, estimulando cada criança a superar seus obstáculos, bem como incentive a colaboração entre elas.
- Evite gritar, pois demonstra descontrole, falta de autoridade, além de ser um modelo de atitude para seus alunos.

## Como tratar o stress infantil

O tratamento do stress infantil deve ser realizado por um psicólogo especializado em stress em conjunto com a família, em especial os pais, com a escola e com a criança. Num primeiro momento é preciso que sejam identificadas quais são as causas desse stress. Após isso, cabe aos adultos que convivem com a criança ajudá-la na eliminação de seu stress.

Quando a criança já está estressada, é importante que um dos pais converse com ela e explique o que está ocorrendo e o motivo pelo qual ela está apresentando determinados comportamentos (agressão, irritação, medos, sensibilidade excessiva etc.) que antes não tinha.

Após esse momento de mostrar à criança o que está acontecendo, ela precisará de todo o apoio afetivo e compreensão das pessoas que convivem com ela para que a auxiliem em sua melhora. Mostrar à criança que ela é e sempre será amada pelo que ela é enquanto ser humano e não por seu desempenho.

Essas atitudes são fundamentais para a eliminação do stress infantil, quando este é oriundo de algumas crenças irracionais que a criança pode apresentar.

Outras sugestões importantes para o tratamento do stress infantil são:
- a criança deve ser capaz de conhecer suas habilidades e aceitar seus limites para que possa entender a diferença entre ela e as outras crianças;
- proporcionar à criança situações em que ela sinta-se capaz;
- proporcionar alguma atividade física, para que ela possa extravasar suas tensões diárias;
- ter uma alimentação saudável, baseada em frutas, legumes e verduras;
- incentivá-la a brincar e usar sua imaginação;
- proporcionar sempre momentos de recreação;
- ensinar exercícios de respiração e de relaxamento.

*Um bom exercício de relaxamento para a criança*

Peça para que a criança sente-se ou deite-se confortavelmente e a partir disso que ela tensione cada músculo do corpo, todos ao mesmo tempo. E em seguida que ela:

- feche os olhos e respire bem fundo pelo nariz, de boca fechada;
- sinta a barriga enchendo como se fosse um balão e prenda um pouquinho a respiração;
- solte o ar devagarinho, enquanto sente a barriga murchar de novo, depois inspire pelo nariz, enquanto conta até cinco;
- segure o ar enquanto conta 1 - 2 - 3 - 4 - 5;
- repita a respiração;
- agora respire normalmente;
- mantenha os olhos fechados;
- agora, imagine que está num lugar muito bonito e seguro.

## Considerações finais

Como pode ser verificado nesse capítulo, as fontes internas do stress têm sua formação a partir do relacionamento entre a criança e os adultos significativos que a cercam e o contexto ambiental ao qual está inserida. Por isso é fundamental que pais, professores e outros adultos que convivam com crianças estejam atentos às suas atitudes, pois essas podem ser facilitadoras de comportamentos mais adequados no enfrentamento de situações de seu dia a dia, evitando um possível desenvolvimento de stress infantil. Devemos também lembrar que a criança estressada poderá vir a ser um adulto fragilizado, vulnerável ao stress.

## Referências bibliográficas

ELKIND, D. *O direito de ser criança*. São Paulo: Fundo Educativo Brasileiro, 1982.
LIPP, M. E. N. et al. *Como enfrentar o stress infantil*. São Paulo: Ícone, 1991.
LIPP, M. E. N.; TRICOLI, V. A. C. *Dicas para o combate do stress infantil na casa e na escola*. Campinas: Alínea, 1998.

*Experiências do passado, o stress de hoje*

# EXPERIÊNCIAS DO PASSADO, O STRESS DE HOJE

*Norma Sant'Ana Zakir*

Reagimos ao mundo que nos cerca segundo poderosas fontes de controle: as condições atuais de nosso ambiente, os limites de nossa constituição orgânica e os reflexos de nossa história de vida. Essas fontes interagem entre si, de forma contínua e permanente, influenciando-se mutuamente. Dessas interações produzem-se os determinantes dos nossos atos, do mais elementar dos gestos até as mais amplas e profundas reações, inclusive o stress. Assim, o stress de hoje, as respostas às demandas do ambiente em que vivemos, são determinados pelas circunstâncias atuais e pela estrutura orgânica, tanto quanto pelos efeitos das experiências vivenciadas no passado.

Evocadas em situações geradoras de stress, as experiências passadas exercem sua poderosa influência ao serem resgatadas, no momento em que se processam nossas reações. Revivemos experiências, introduzindo na situação atual o que aprendemos em circunstâncias passadas, o efeito do que vivenciamos, mesmo se agirmos de forma involuntária e sem estarmos plenamente cônscios do que nos leva a agir. Porém, não se trata sempre de meras e inconscientes transposições, não é uma questão de simplesmente se reproduzir, no cenário atual, as experiências vividas em outros tempos. Trata-se, antes, de nos colocarmos sob o efeito das condições atuais e das condições do passado. Isso porque as condições e os estímulos do ambiente atual têm o poder de ativar nossa memória, despertar nossa suscetibilidade e acionar nosso padrão de reação, que é fruto de aprendizagem, e desenvolvido a partir das nossas experiências, no decorrer da vida.

Em certo sentido, então, as experiências passam a fazer parte de nós, de nossa maneira de agir. Passam a ser parte do repertório comportamental do indivíduo que é dotado de uma natureza biopsicossocial e responde ao ambiente atual sob bases desenvolvidas no passado.

Se não se pode conceber a influência do presente desvinculada do passado, a recíproca também é verdadeira: os efeitos do passado só se revelam porque as reações são ativadas pelo ambiente atual, o que é especialmente válido quando se trata de stress.

### Apelos do presente despertam o passado: um caso

Antes de apresentarmos o resumo de um caso verídico, narrado de forma a resguardar o anonimato dos envolvidos, faremos breves considerações sobre o conceito de estímulos estressores (ou fontes de stress). Eles estão no ambiente, assumem várias formas, como a premência de tempo, o excesso de trabalho, o trânsito, as dificuldades financeiras, as promoções, as festas etc. Enfim, o que nos toca pode desencadear reações ou respostas de stress. O Natal, por exemplo, é um dos estímulos estressores chamados eventos vitais.

Enquanto evento estressor, o Natal se apresenta no ambiente atual por meio da estimulação natalina, isto é, do clima que se cria, dos objetos, luzes, música, comentários. São indícios, apelos, um cenário atual, montado em uma ocasião específica, pois não é época de Natal o ano todo. É esse "cenário atual" que suscita reações que as torna mais prováveis nesta ocasião, embora elas tivessem sido aprendidas no passado e estivessem disponíveis todo o tempo no repertório comportamental do indivíduo, bastando ser desencadeadas pelo ambiente para "vir à tona".

Analisemos, agora, o caso de um indivíduo cujo stress aumentava muito por ocasião dos festejos de fim de ano. O problema começou a assumir proporções alarmantes após seu casamento, quando nosso personagem passou, por força de imposições, a frequentar comemorações com elevado número de convidados. Esse tipo de situação sempre lhe fora muito aversiva, em especial após um episódio em que sofrera humilhações públicas, em uma reunião social. Tratava-se de indivíduo com dificuldades e aversão por contatos, dificuldade em se expor e se expressar. Mais do que um déficit em gratificações no plano social, a situação do nosso protagonista, na área social, era punitiva, em especial por ocasião do Natal, quando suas condições de vida se agravavam, tornando-o mais suscetível ao stress do que em outras ocasiões.

Este caso ilustra como experiências do passado, influentes na maneira de ser da pessoa, influenciam também seu padrão de reação em geral e de stress, em particular, assim como as funções estressoras dos estímulos, neste caso, toda a estimulação referente ao Natal. As limitações sociais dizem respeito à nossa maneira de ser, de reagir e são resultado de experiências cruciais, primeiro na infância, no seio da família, evoluindo até as ligações íntimas e relações sociais maduras da vida adulta. As influências sobre o padrão de reação de stress centralizam-se no fato de que a ausência de satisfação social, já por si mesma estressora, afeta nossa suscetibilidade, tornando-nos menos aptos para lidar com o stress, com reações mais fortes e prejudiciais. Afetam a função estressora dos estímulos porque injetam neles propriedades geradas de nossa interação particular com o ambiente, ao longo da nossa vida. No caso analisado, ao Natal são atribuídas propriedades negativas, aversivas; as mesmas propriedades relacionadas aos contatos sociais, que por sua vez, não são próprias destes, mas desenvolvidas ao longo da história de vida, fruto das experiências do passado.

## Os reflexos do stress do passado

Há experiências do nosso passado em que o ponto crítico consiste na exposição aos estressores e na resposta com stress. São experiências nas quais fomos tocados, estimulados e nossa reação se dá com resposta de stress.

Retomando o exemplo do Natal, se este não estressa, é neutro, somos indiferentes a ele. Se, no entanto, nos agrada, também estressa, na mesma proporção em que nos excita. Se vivenciamos Natais maravilhosos no passado, tenderemos a nos mobilizar no presente, reagindo positivamente às festividades natalinas e aumentando nosso stress. Se irá ou não agir como "gota d'água", depende de quanto stress já temos acumulado e como lidamos com ele.

O mesmo se pode afirmar caso a conotação seja negativa. A reação dependerá, em parte, de exposições anteriores ao estressor. Se, por exemplo, nossos Natais do passado representaram uma experiência negativa (aversiva de exposição a um estressor), criou-se em nossa história de vida um antecedente favorável à ocorrência de stress, que se irá somar ao stress já preexistente. O volume resultante poderá ou não representar uma sobrecarga, esta, sim, com potencial de produzir danos ao indivíduo.

É evidente que uma experiência positiva favorece em termos de stress, embora nem sempre sobrecarregue menos que uma experiência negativa de exposições aos estressores. Uma experiência positiva, como comemorar o Natal quando se aprecia, é gratificante. Pode ser positiva prevenindo a falta de gratificação e satisfação, por si só, estressante e também negativa do ponto de vista de manter nossa capacidade de enfrentar o stress.

Assim, experiências do passado que envolvem exposição aos estressores, quanto menos resultarem na conotação negativa destes estímulos, ainda que não produzam menos stress, pelo menos facilitarão a capacidade de enfrentamento. É preferível que, expostos aos estressores, vivenciemos experiências que nos encorajem a reproduzir o contato com a estimulação no futuro, como quem procura a "adrenalina" em suas atividades. Se tivermos uma vida muito estressante, mas se esse stress vem daquilo que gostamos, a probabilidade de enfrentá-lo será maior.

As experiências nas quais aprendemos a nos envolver, a procurar o que gostamos, a produzir gratificação e satisfação pessoal, podem ser o meio pelo qual aprendemos a introduzir o stress em nossas vidas, enquanto nos equipamos dos recursos para vencê-lo. Essas experiências fornecem o combustível de que precisamos a alegria de viver, a animação, e também assumem a função de verdadeiros ensaios, no treino de enfrentamento.

Nossas experiências prévias de exposição aos estímulos estressores, que os estabelecem como tais, com conotação negativa, até então avaliados como neutros ou não, podem ser, em linhas gerais, prejudiciais do ponto de vista de stress. Isso porque se, no passado, as circunstâncias em que ocorreu o contato com a fonte de stress e as consequências da exposição foram negativas, e se pelo menos com relação àquele evento houve insucesso em se lidar com uma demanda do meio, podem se projetar para o futuro não só as propriedades negativas daqueles estímulos, como também um episódio de fracasso em adaptação.

Não é, no entanto, o insucesso no enfrentamento em um único evento aversivo que irá determinar todo um padrão de reação, uma suscetibilidade pessoal; o que nos afeta é um contínuo de experiências, a constância e a frequência; ou então, o caráter crítico dos eventos e das experiências e o quanto foram efetivas na função de treino de enfrentamento, o que também ocorre quando o estressor é um evento aversivo, uma adversidade.

O caso de duas gestantes pode ser esclarecedor. São fatos verídicos e, novamente, tomamos o cuidado de omitir a identidade dos envolvidos, inclusive modificando detalhes, para não oferecer qualquer pista.

Falamos em "o caso de duas gestantes" porque essas duas senhoras estiveram unidas por interessantes coincidências durante as gestações.

Vizinhas, as duas grávidas tinham se mudado quase no mesmo dia para aquela rua e pouco tempo depois receberam a notícia de que iriam dar à luz gêmeos. Uma delas dizia a todo momento que estava vivendo um sonho. Ao ouvir isso, a segunda, conforme revelou posteriormente pensava: "recomeçou o pesadelo".

Apesar das coincidências do presente - a gestação de gêmeos e a mudança recente, esta última, aliás, avaliada como muito positiva por ambas -, suas vidas apresentavam diferenças básicas.

A gestante satisfeita com seus gêmeos gozava de excelente saúde, estava feliz no casamento e mantinha uma situação profissional estável. Enfrentou, por anos, a dificuldade de engravidar.

A segunda tinha dificuldades na contracepção, era feliz no casamento e vivia um momento de ascensão profissional. Na sua infância havia um episódio com gêmeos. Cuidou de gêmeos, seus irmãos. As circunstâncias dessa experiência foram de tal natureza que, sem entrar em detalhes, pode-se sintetizar que fizeram com que os cuidados com gêmeos aparentassem ser uma tarefa monumental. Além do mais, esteve exposta aos comentários acerca dos desgastes ao se ter gêmeos, do quanto a parturiente precisa ser poupada e quanto a situação se prolonga: estas eram inclusive as justificativas dos familiares para lhe terem atribuído, ainda na infância, as incumbências pertinentes à mãe dos bebês. Por experiência e informações, temia o parto.

A segunda gestante precisou ser atendida com depressão pós-parto, ocasião em que fez as revelações aqui expressas. Sua depressão tinha fortes bases hormonais. Mesmo essas bases podem ter sido afetadas, já que o stress excessivo implica mudança da química do corpo. E ela havia estado muito estressada, por anos a fio, e na gestação em especial, muito ansiosa com relação ao parto, aos gêmeos, aos quais, segundo julgava, não conseguiria assistir, enfim, estava sob o efeito das experiências de seu passado, mais do que da realidade atual.

A primeira gestante foi orientada a guardar repouso durante a gravidez, em função de seus excessos. Excitava-se com os preparativos, empolgava-se com sua condição de futura mãe de gêmeos e por fim se estressou. Chegou a apresentar distúrbios do sono, dormindo em excesso ou permanecendo em vigília por períodos prolongados. Recuperou-se, porém, em poucos dias. Atualmente, cria seus gêmeos, exerce seus outros papéis com serenidade e muita saúde.

Mais do que uma diferença de história, as duas protagonistas ilustram o quanto uma desfavorável exposição aos estressores, neste caso prematura, pode significar uma experiência desastrosa. E que não se trata apenas da qualidade da experiência de exposição, se ela foi positiva ou negativa, mas também da forma como esta ocorreu, em uma ocasião em que não havia ainda recursos pessoais para enfrentamento.

## O stress de hoje e os impactos do passado

Não é apenas o tipo de experiência, mas também a seriedade do que se passou que influenciam o nosso stress do presente. É fundamental que o contato com os estressores seja gradual, de forma a reduzir os possíveis impactos, permitindo, assim, o enfrentamento. As experiências anteriores devem suceder-se em um contínuo, de forma a se construir uma história pessoal favorável, de enfrentamento bem-sucedido, não apenas pelas experiências em si, pela qualidade dos eventos aos quais se expôs, mas pela forma sequencial sob a qual se organizou a série de contatos.

Talvez o que se possa dizer de mais relevante sobre os determinantes do stress com origem no passado se relacione ao grau com que o indivíduo se expôs às demandas de seu meio, estando em condições de atendê-las e tendo sido dirigido no sentido de lidar com sucessos e fracassos.

Tão importante quanto a gradação das experiências é a própria exposição. Sabe-se que crianças e jovens que têm oportunidade de se expor, que são ativas e participantes, têm mais oportunidades para se adaptar do que aqueles que são muito poupados. E, à medida que vamos amadurecendo, quanto mais nos envolvemos e participamos, desde que nossos limites sejam respeitados e sejamos realistas, estaremos nos submetendo a condições prévias básicas na promoção da nossa capacidade de enfrentamento.

Embora a gradação do contato com as fontes de stress seja mais crítica na infância e na adolescência, não se pode dizer que não seja importante nas outras fases. Podemos ilustrar com ocorrências do nosso futebol, quando jovens craques enfrentam partidas muito importantes, internacionais. Neste caso, pode haver quebra na sequência, um salto para uma situação muito tensa e consequente dificuldade de adaptação.

Um outro exemplo é o caso de muitas mulheres, poupadas e protegidas por pais e maridos, que não se expõem a determinadas situações e, ao ficarem sozinhas, têm suas dificuldades potencializadas e, consequentemente, um acréscimo em seu stress.

Sintetizando, a adaptação do indivíduo às exigências de seu meio depende do sucesso das exposições aos estressores ao longo da vida: adapta-se com sucesso quem experimentou sucessivos sucessos ao se expor, de forma gradual e não foi poupado ou muito protegido ao longo da vida.

O excesso de responsabilidade e trabalho na infância são exemplos de exposição aos estressores sem que a criança tenha condições físicas e psicológicas para tanto. O exemplo da gestante que cuidou dos irmãos gêmeos na infância é bem ilustrativo.

Não se trata, porém, de entrarmos em contato com acontecimentos agradáveis ou desagradáveis, de nos engajarmos em experiências que nos façam sentir bem ou mal. O que conta é o quanto nos adaptamos por meio das experiências e qual é a nossa disposição de participarmos, de nos envolvermos, sempre que estejamos em condições e desejemos fazê-lo.

Se a qualidade da exposição não é sempre o fator mais relevante, também nem sempre o tipo de experiência é desprovido de interesse, no que diz respeito ao stress. Há algumas experiências específicas que, por seu conteúdo, são relevantes como antecedentes do stress que ocorre no presente.

## O stress de hoje e o conteúdo das experiências passadas

A forma como experimentamos pode ser mais importante do que propriamente o episódio que vivemos, eis uma verdade. Nossas experiências não devem se esvaziar, desprover-se de conteúdo, quando as avaliamos. Elas tinham conteúdo no passado, fatos concretos aconteceram, eventos ocorreram, o ambiente estava pleno em estimulação.

Um autor chamado Rutter publicou trabalhos analisando a forma das experiências do passado, como e em que ordem eram alinhadas, observando também o conteúdo das experiências. Ele deu especial atenção às experiências que determinam o autoconceito, a autoestima e autoeficácia e seu efeito no stress posterior. Concluiu que, se temos a convicção de que podemos enfrentar com sucesso os desafios da vida, se temos clareza do nosso valor pessoal, teremos mais facilidade em nos adaptarmos às mudanças.

Para Rutter, são importantes dois tipos de experiências: relacionamentos pessoais e realizações.

Relações seguras com os familiares desde a infância são pré-requisitos de elevada autoestima e autoconceito bem desenvolvido na vida adulta. Sofre-se menos com as mudanças, tende-se a ver seu lado benéfico e a enfrentá-las mais como um desafio do que como uma ameaça.

As realizações e conquistas constituem-se também em experiências relevantes do ponto de vista de adaptação. A vida acadêmica, o desempenho profissional e esportivo, o engajamento em atividades socioculturais e públicas constituem-se em um contínuo de experiências que desenvolvem no indivíduo um referencial acerca de seu próprio valor, sua eficácia e capacidade em exercer controle sobre o meio.

Pode-se citar, como exemplo dessas conquistas, o ingresso na vida acadêmica, o vestibular, o ingresso no mercado de trabalho, a união com outra pessoa, a criação dos filhos, a construção do patrimônio. São experiências que podem desenvolver a autoconfiança e a coragem em se expor aos desafios, em interação com as experiências em relações sociais.

As relações sociais, especificamente quanto aos efeitos das relações da infância, podem se manter, aumentar ou se reduzir em função de ligações íntimas, relacionamentos familiares e sociais no decorrer da vida, em experiências que se sucedem. Essas relações se constituem num treino na busca da satisfação na área social, como já dissemos, mas junto com as realizações, incidem também a disposição em participar e coragem de se expor.

Do ponto de vista do stress, essa satisfação, a disposição e a coragem talvez sejam mais importantes do que atributos como a autoestima. A lição é viver plena e intensamente o presente, com realismo, deixando-se controlar também por aquilo que é benéfico de nosso passado, sem que ele se transforme em um obstáculo para alcançarmos felicidade.

### No stress atual, o passado ofusca o presente

Algumas pessoas vivem no passado, completamente alheias ao presente, presas às suas recordações. Se essas recordações se referem a fatos felizes, o maior prejuízo é o afastamento da realidade e do que o presente pode oferecer de bom. Há casos, porém, em que esses fatos são trágicas experiências. Um exemplo disso é o PTS (Síndrome de Stress Pós-Traumático). Portadores dessa síndrome não só se influenciam muito por seu passado, especialmente com relação à tragédia que viveram, como também vivem em constante e intenso stress.

Um autor chamado Selligman comenta que existe para a vítima do PTS um perene reviver o trauma, que pode ser um estupro, a morte de um filho, um acidente, uma catástrofe, enfim, uma ocorrência trágica, incontrolável, evocada em "flashbacks invasores" e pesadelos. Ou então não se consegue lembrar, porque se entra num processo chamado de "evitação", que inclui a fuga e a esquiva, que significa escapar ou evitar propriamente.

São exemplos de fuga e esquiva dormir em excesso, afastar-se dos lugares onde os problemas ocorreram, assuntos e atividades ligadas à situação enfrentada, abuso de álcool e drogas etc. Nesses exemplos pode estar ocorrendo evitação; pode-se estar tentando, com ou sem sucesso, ignorar fontes de stress ou traumas ocorridos no passado.

Muitas vezes, tentando nos afastar do que nos parece insuportável, acabamos por perpetuar o nosso mal-estar. Evitar o que nos prejudica é um ato válido, útil à nossa sobrevivência e bem-estar. Saber empreender fuga e esquiva pode ser um exercício de liberdade é saúde. Porém, em determinadas circunstâncias, e em certa proporção, é desadaptativo e inconveniente do ponto de vista de enfrentamento. Se nos limitamos sempre a evitar ou escapar, gratificações e satisfações entram em déficit, pois tudo que fazemos é evitar o que causa sofrimento, medo, desconforto, culpa e isso é o que nos motiva. Podemos ficar em falta quanto à nossa motivação positiva, nosso combustível. Além disso, se evitamos, não nos expomos, não vencemos desafios nem resolvemos problemas.

O primeiro problema que fica em aberto é justamente aquele relacionado ao motivo da evitação. Se tem relação com uma experiência do passado, então ela teve uma conotação negativa, produziu stress e pode continuar produzindo; se não tocarmos no assunto, evitamos o contato de forma voluntária, que poderia produzir nossa adaptação à situação. O que estamos evitando, na verdade, é o contato com sentimentos, como medo e culpa, que ocorreram quando, no passado, a exposição ao estressor agiu como punição, e continua agindo dessa forma no presente enquanto não lidamos eficientemente com esta situação. E que, por mais que evitemos, e justamente por isso, continua nos estressando e nos controlando.

Dois autores chamados Hayes e Khollemberg têm uma proposta interessante para lidar com a fuga e a esquiva. Eles propõem um "bloqueio de esquiva", no qual os clientes são expostos pelo terapeuta às situações que evitam. Mencionam "aceitação de sentimentos" e "redução de culpa". O que acontece no plano terapêutico é que se aprende a suportar os sentimentos sem fugir ou escapar da situação e sem agredir. Além disso, reduz-se a culpa, porque se percebe que o controle de seu próprio comportamento é natural, vem de fora em grande parte, não se tem toda responsabilidade pelo que se sente ou faz.

Então, veja-se o quanto uma experiência do passado, aversiva, que agiu como punição, pode afetar em termos de stress. Produz medo, culpa e agressão que se deslocam para o presente. Continua afetando, controlando, determina o que fazemos, que é a fuga. O antídoto é simples: exposição, autoexposição, tocar no assunto, quando possível com pessoas próximas. Quando impossível, buscar a ajuda de um profissional, que com sua técnica poderá orientar a exposição terapeuticamente. Expor-se também é o que se recomenda quando o stress assume proporções mais intensas, na Síndrome do Stress Pós-Traumático, na qual as experiências de exposição do passado causam, no presente, efeitos arrasadores.

Com relação a portadores do PTS, se essas pessoas não esquecem, estão sempre expostas, então por que essa exposição não as livra do problema?

A resposta está na nossa natureza biopsicossocial, isto é, a interação de três fatores: biológico, psicológico e social. Somos gregários, animais sociais. Dependemos dos outros, que são parte integrante do ambiente em que vivemos. Adoecemos ao nos relacionarmos e somos curados nos integrando, quer nos expondo ao nosso círculo de relações, quer nos colocando sob o controle de relações psicoterapêuticas.

Expor-se aos estressores, autoexpor-se, expressando-se, comunicando-se, interagindo, autoconhecendo-se e fazendo-se conhecer, assim se lida com os efeitos de nossas experiências.

Se temos problemas de relacionamento, ou estamos insatisfeitos, descobrimos em nós déficits sociais, de autoestima, autoconceito, autoeficácia, se vivemos insatisfeitos, nos esquivamos ou fugimos de forma desadaptativa, precisamos fazer uma análise cuidadosa de nossas condições, talvez até com ajuda profissional. Isso porque nossas deficiências, embora tenham importância por si mesmas, podem nos dar pistas muito importantes, e esta é mais uma razão para buscarmos o autoconhecimento. Neste caso, para identificarmos nossas dificuldades.

As pistas oferecidas pelas nossas dificuldades são relevantes no stress, porque sinalizam a ocorrência de precedentes no passado, quanto a experiências cruciais. O que sugere que o ambiente atual, se ainda não o fez, pode vir a acionar nossa suscetibilidade, precipitando problemas quanto ao stress e suas implicações, o que requer ação preventiva.

Prevenção esta que sugere que, de uma perspectiva presente que se inspira no passado, podemos fazer previsões, nos projetando para o futuro!

## Referências bibliográficas

HAYES, S. C.; WILSON, O. Terapia da aceitação e do compromisso: alterando o suporte verbal para a esquiva experimental. *The Behavior Analyst*, v.17, n.2, 1994, pp.289-303.

RUTTER, Michael. Stress, Coping and Development: some issues and some questions. *Journal of Child Psychology and Psychiatry*, v.22, n.4, 1981, pp.323-66.

SELLIGMAN, M. E. P. *O que você pode e o que não pode mudar*. Rio de Janeiro: Objetiva, 1995.

## *Envelhecer é isto...*

# ENVELHECER É ISTO...

*Andréia Eloisa de Camargo Bolfer Nacarato*

Embora muito se fale sobre a necessidade de "saber envelhecer" e a velhice venha recebendo maior atenção com o crescente número de estudiosos interessados no assunto, observam-se ainda uma insuficiência de condições por parte da sociedade e de recursos pessoais, que possam favorecer ao idoso manter-se ativo, participativo e valorizado no seu meio, com sua autoestima preservada.

Tais condições revelam-se cada vez mais importantes, especialmente porque com o avanço científico, constata-se estar havendo um envelhecimento populacional mundial, em decorrência basicamente do decréscimo das taxas de natalidade e aumento da expectativa de vida. Estima-se que o aumento da população brasileira com idade igual ou superior a sessenta anos nos próximos anos, fará com que em 2020 o Brasil tenha a sexta população de idosos do planeta. Os dados ressaltam, portanto, a necessidade de que haja uma reformulação dos conceitos sociais que envolvem a velhice, muitas vezes carregados de preconceitos e que sejam desenvolvidas atitudes pessoais que favoreçam na velhice a manutenção de uma boa qualidade de vida.

Sem dúvida, não se pode negar que o processo de envelhecimento proporciona situações adversas, como a aposentadoria, que pode representar a queda do *status* social e econômico, e a ocorrência simultânea de várias situações como enfermidades, limitações físicas, exigindo do indivíduo grande capacidade de adaptação para manter-se bem. Por estar associada a perdas, doenças e morte, tende a ser vista como uma fase isolada, e não como parte do desenvolvimento humano natural, assim como a infância ou a adolescência.

Infelizmente, por diversas vezes o próprio comportamento do idoso ressalta os aspectos negativos da velhice em simples acontecimentos do cotidiano, por exemplo, por sentir-se cansado ou esquecer algo, expressando-se com frases como: "Estou tão cansado! Mas também, envelhecer é isto mesmo..."; "É o que dá ficar velho, a gente esquece tudo! Já estou esclerosado"; "Eu não estou enxergando bem. Mas também, o que eu posso esperar com a minha idade?".

Dessa forma, o que aqui se pretende destacar é o desenvolvimento de condições e de uma atitude diante da vida que favoreça a manutenção da autonomia, de realizações pessoais e contribuições para a comunidade, que faça da velhice um período rico de troca entre o jovem e o moderno e o conhecimento e a experiência do idoso. Entretanto, é necessário que o idoso disponha de recursos pessoais (psicológicos, financeiros, familiares, sociais e de saúde) para poder lidar com as mudanças que vão ocorrendo e a elas se adaptar.

Situações que geram mudança na vida do indivíduo, sejam elas positivas ou não, tornam-se fontes de stress, ou seja, provocam desgaste do organismo. O stress está presente tanto nos acontecimentos do cotidiano como nas situações extraordinárias a que se está sujeito ao longo da vida. No entanto, quando o desgaste é prolongado ou excessivo, afeta o sistema imunológico, favorecendo o aparecimento de infecções e doenças.

O stress, porém, não é obrigatoriamente ruim. Ao contrário, é necessário que se tenha algum nível de stress para se viver a demanda do dia a dia. A questão é como administrar este stress para que não ultrapasse os limites biológicos de cada um.

Pesquisas indicam haver uma relação entre stress e envelhecimento. Embora não se saiba ainda exatamente o que é consumido no processo de adaptação às exigências do organismo diante de fatores estressantes, ao que tudo indica constitui-se em condições fundamentais do processo de envelhecimento.

Por ser a velhice uma fase que envolve tantas mudanças, faz com que o indivíduo dessa faixa etária esteja frequentemente sujeito a estímulos estressores que podem resultar em um acréscimo de enfermidades físicas e psicológicas e comprometer a qualidade de vida diante da falta de adaptação necessária.

Evidentemente, quando se fala em *qualidade de vida* na velhice, não se pode desprezar o contexto social, econômico e cultural do indivíduo, já que estes fatores influenciam o seu estado de saúde. Segundo a Teoria Racional Emotiva, no entanto, o desconforto emocional não é causado pelo acontecimento em si, mas pela interpretação que é dada pelo indivíduo. As reações a situações de conflito intra e interpessoais, a sensação de falta de controle diante de certas circunstâncias são determinadas pelo processo de aprendizagem ao longo da vida, e as diferenças entre as pessoas, a inabilidade de algumas nessas situações são determinadas pelo fato de que essas pessoas não tiveram a oportunidade ou, se tiveram, não as aproveitaram para aprender a lidar efetivamente com situações conflitantes, ou por terem aprendido maneiras inapropriadas ou ineficientes de reagir a essas situações.

Dessa forma, a maneira de ser do indivíduo é que pode se constituir em uma fonte geradora de stress, quando causa, por exemplo, ansiedade excessiva, por ter dificuldade em se colocar adequadamente nas situações, em expressar afeto e necessidades, e por ser uma questão de aprendizado, pode sofrer alterações a qualquer momento, mesmo quando já se tem uma idade mais avançada se existe o reconhecimento da necessidade e a motivação para mudança.

Alguns sintomas podem representar um sinal de alerta de que esteja ocorrendo respostas excessivas que podem ultrapassar os limites do organismo, gerando stress excessivo:

*Sintomas psicológicos* - ansiedade, tensão, angústia, dificuldades interpessoais, dúvida quanto a si próprio, preocupação excessiva;

*Sintomas físicos* - dor de estômago, tensão muscular, formigamento das extremidades, problemas com a memória, aparecimento de problemas dermatológicos, hipertensão arterial, cansaço constante.

Evidentemente, um ou alguns sintomas isolados não significam um quadro de stress avançado, assim como, muitas vezes, se faz necessária a avaliação médica para determinar se os sintomas não são decorrentes de algum fator orgânico. De qualquer maneira, as condições psicológicas do indivíduo no sentido de satisfação com a vida, precisam ser constantemente avaliadas, sobretudo na velhice que por suas características, expõe o indivíduo a um grande número de estressores.

É necessário identificar o que gera stress, para que estratégias sejam desenvolvidas a fim de se evitar que este stress se torne excessivo.

## Fontes de stress

Estudos apontam alguns fatores que tendem a ser mais estressantes para o idoso, tais como:
- Assuntos relacionados à família - provavelmente porque na velhice ocorre uma queda no convívio social, acarretando maior pro-

ximidade dos familiares, além do que, os familiares muitas vezes se tornam os cuidadores do idoso a longo prazo.
- Preocupações com autolimitação e dependência, assim como enfermidades são frequentemente apontadas como geradoras de tensão e a proximidade com o conceito de morte, muitas vezes, se faz presente pela perda de familiares e amigos.
- Também assuntos relacionados a finanças e moradia se mostram uma intensa fonte de stress para o idoso, especialmente no nosso país, devido ao ineficiente sistema de previdência, que acarreta uma série de implicações negativas na vida do indivíduo, como a queda do padrão econômico, dificuldades com o sistema de saúde e outros.

## Qualidade de vida

Em termos de qualidade de vida, pode-se fazer uma análise considerando-se basicamente quatro áreas: profissional, social, afetiva e saúde.

Quanto à *área profissional*, tem-se por um lado o idoso aposentado que sofre as consequências adversas dessa condição, por não mais produzir de forma a gerar lucro, sendo por isso discriminado pela sociedade, além de sofrer muitas vezes a queda de seu padrão de vida, exigindo esforços pessoais para não se deixar abater emocionalmente a ponto de abalar sua autoestima, prejudicando também suas relações interpessoais. Por outro lado, é grande o número de pessoas que atualmente entram na terceira idade em plena atividade profissional, em grande parte devido à dificuldade financeira, que não lhes permite parar de trabalhar e viver apenas da renda proveniente da aposentadoria, muitas vezes insuficiente para manter até mesmo as despesas básicas. Contudo, a manutenção da atividade profissional na velhice pode trazer grande benefício, desde que sujeita às adaptações necessárias quanto ao horário, carga de trabalho, nível de responsabilidade etc.

Na *área social*, constata-se que o apoio social é de extrema importância na velhice, pois relaciona-se diretamente com o bem-estar emocional. Determinadas circunstâncias referentes ao envelhecimento, como a própria ausência de atividade profissional, proporcionam a queda do convívio social para o idoso, e quando este não desenvolve condições pessoais favoráveis, tende a isolar-se, reduzindo drasticamente a interação social, podendo ser este um indicativo de baixa qualidade de vida nesta área.

Em relação à *área afetiva*, observa-se que com a queda do convívio social, ocorre também a queda na troca de relações afetivas, o que pode afetar sua autoestima e estar relacionado ao alto índice de depressão nesta faixa etária.

No que se refere à *área da saúde*, observa-se no nosso meio ainda a falta de uma atitude preventiva, mesmo em idade mais jovem. Na velhice, além dos problemas decorrentes de um sistema de saúde precário, a baixa procura por orientação médica também parece estar relacionada ao fato de que, por estar o idoso mais sujeito a um resultado positivo, ele tende a evitar o contato com os serviços médicos. Se a procura por cuidados médicos já não é uma conduta amplamente desenvolvida entre os idosos do nosso país, mesmo por necessidades fisiológicas, o que dizer então da procura por ajuda psicológica quando as questões do envelhecer estão provocando angústia emocional? Infelizmente, no nosso meio, a procura espontânea por um profissional da área da psicologia na velhice é ainda relativamente rara, ocorrendo mais frequentemente por indicação médica, quando há uma doença orgânica já em desenvolvimento, que requer acompanhamento psicológico. No entanto, a psicologia muito tem a oferecer, favorecendo a mudança das condições pessoais inadequadas e ampliando o repertório do indivíduo para que este possa viver uma velhice melhor.

Os casos que se seguem exemplificam como a identificação da necessidade de mudança e a disposição para tanto podem tornar a velhice uma fase produtiva, criativa, bem adaptada e também de aprendizado.

*Caso 1*

P., de 58 anos, casado, pai de dois filhos adultos e um adolescente, procurou ajuda profissional, estimulado pela família, por apresentar um problema de pele que, segundo avaliação clínica, poderia estar relacionado a causas emocionais. Além do cansaço físico que atribuía ao excesso de trabalho, queixava-se também de ter características pessoais que julgava serem prejudiciais a si próprio e ao convívio com os outros, tais como procurar defeitos nas pessoas, não fazer elogios aos outros, dificuldade em expressar emoções, preocupação excessiva com detalhes, não estabelecer limites para si mesmo, agindo "como se tivesse trinta anos", além de ter desenvolvido crenças como não poder cometer erros em nenhuma situação, e por isso ter dificuldade em aproveitar as coisas boas. Ao mencionar tais características, dizia: "Eu sei que preciso mudar, mas será que é possível na minha idade?".

Ele também demonstrava uma tendência a ressaltar os eventos negativos que lhe ocorriam, fazendo poucas referências aos acontecimentos positivos. Constatou-se haver uma relação entre a piora do problema dermatológico com o excesso de trabalho, assim como os momentos de lazer e relaxamento eram relativamente raros na rotina de P. Discussões frequentes caracterizavam o relacionamento conjugal, havendo dificuldade da parte de P. para superar as desavenças, demorando vários dias para "voltar ao normal".

Verificou-se que P. se mantinha sob orientação médica, com consultas periódicas, conservando dessa forma uma atitude preventiva em relação à sua saúde, além da prática regular de atividade física.

P. era de uma família de cinco filhos, tendo perdido os pais muito cedo. Passou parte de sua infância em colégio interno, sujeito a um esquema de regras rígidas e punição.

Na adolescência, fora encarregado pelo pai adotivo de assumir uma pequena empresa, sem que o mesmo lhe desse o apoio necessário, deixando tudo a seu cargo, o que fez com que P. desenvolvesse um senso de responsabilidade extrema e sua vida profissional tomasse uma grande dimensão em relação às outras áreas de sua vida. Isso se relaciona ao fato de, atualmente, a atividade profissional constituir-se em uma das principais fontes de stress de P., tendo a empresa também se ampliado ao longo dos anos.

Estabeleceu-se como objetivo da terapia de P. promover a melhora da qualidade de vida nas diversas áreas, a começar por aquelas que julgava mais fáceis como, afetiva, social e saúde, pois na profissional encontravam-se, como constatado, o maior número e as mais intensas fontes de stress.

Evidentemente, reforçou-se a manutenção da atividade física, bem como o cuidado que mantinha com a saúde.

Priorizou-se a reformulação das cognições de P., ou seja, favorecer o reaprendizado de formas menos rígidas de encarar os acontecimentos, no que diz respeito à cobrança de si mesmo, exigindo um padrão de perfeição e ao reconhecimento de limites quanto à atividade profissional, diminuindo o desgaste e tensão por meio do aumento de momentos de lazer, intensificação do convívio social, visando também à melhora das condições relacionadas ao problema fisiológico manifestado na pele. Segundo ele próprio, "transformar bombas em bombinhas", dar outra dimensão aos problemas, tornando-os menos importantes do que eram até então.

Nas questões relacionadas ao ambiente familiar, P. procurou diminuir as cobranças desnecessárias, tornando-se mais flexível diante das características dos outros que não concorda, partindo do princípio de que ninguém é perfeito, favorecendo também a identificação de características suas que não agradam aos outros. Também procurou-se favorecer novas formas de expressar emoções, facilitando a troca afetiva e o retorno positivo das relações familiares e de amizade.

O processo psicoterapêutico de P. ainda está em curso, e até o momento várias mudanças foram atingidas, ora com maior, ora com menor facilidade em cada caso, outras tantas ainda estão por se alcançar. A necessidade e a possibilidade de mudança, porém, são tarefas contínuas, até porque as circunstâncias atuais se modificam de forma dinâmica. Espera-se que, por meio do acompanhamento profissional durante um período de sua vida, P. aprenda formas de identificar as circunstâncias que lhe estressam e exigem mudança e que desenvolva recursos pessoais para promover tais mudanças, visando sempre ao seu bem-estar.

Sem dúvida, muito dos progressos alcançados até o momento se devem ao fato de que P. já havia desenvolvido um repertório de vida, que no processo terapêutico está sendo utilizado a seu favor, como a disposição para aprender sempre, empenhar-se efetivamente nas atividades a que se propõe, seguir uma metodologia desenvolvida com uma finalidade que lhe seja motivadora. Tais características, ao mesmo tempo em que lhe prejudicavam, por serem desenvolvidas de forma tão intensa e obstinada, estão sendo extremamente benéficas, quando aplicadas com moderação e equilíbrio, o que vem favorecendo enormemente o processo terapêutico de P.

Neste caso, pode-se considerar que a ajuda profissional esteja facilitando o processo de mudança, porém o que aqui se procura ressaltar é a importância do reconhecimento e a disposição para mudar no que é necessário, o que pode ser feito a qualquer momento, já que na velhice tende-se a repetir padrões desenvolvidos ao longo da vida. Infelizmente, poucos se dispõem a tentar novas alternativas e com isto criar condições novas e estimuladoras para uma velhice também de prazer e alegria, não apenas de desconforto e perdas.

*Caso 2*

M., 61 anos, viúva, mãe de dois filhos adultos casados, procurou terapia por indicação médica porque, embora estivesse bem de saúde, referia-se a uma vida de baixa qualidade, dizendo estar velha e não ter mais o que fazer, apesar de dispor de uma boa situação financeira com a pensão que recebia do marido. Morava sozinha e queixava-se de sentir medo de ficar só em casa, além de vários outros medos, que a faziam sentir-se "frágil e indefesa diante do mundo", além de "deprimida, sem forças para fazer nada para mudar", relacionando as condições atuais à sua idade e à velhice.

Ela perdera o pai quando ainda era criança. Casou-se muito cedo e passou dos cuidados da mãe e dos irmãos para a superproteção do marido. Quando casada não fazia praticamente nada sozinha fora de casa, dependendo para isso do marido, o que provocou grandes dificuldades e tensões após a sua morte, por ter que assumir várias atividades que desconhecia, como ir ao banco, administrar as contas da casa, fazer compras etc.

Observou-se que M. mantinha uma imagem de si de autodesvalorização, só conseguindo relacionar características positivas após muito esforço, mantendo uma visão pessimista, colocando-se como derrotada diante da vida. Momentos de ocupação com atividades prazerosas eram raros e a sociabilidade restringia-se basicamente a visitas aos familiares nos finais de semana.

Objetivou-se com a terapia fortalecer a imagem de si mesma, por meio do reconhecimento de seu potencial, identificado nas diversas atividades que realizava em casa e para os familiares, como trabalhos manuais; promover mudanças na sua maneira inadequada de interpretar os fatos e estimular suas características pessoais favoráveis, como a facilidade em se expressar, o prazer em manter conversação, que estavam sendo pouco exploradas por M. Incentivou-se a participação em instituição que mantinha uma programação voltada para idosos, onde pudesse praticar as atividades que gostava, como os trabalhos manuais, dança, reuniões sociais, viagens, favorecendo-se assim o convívio social, o que levou M., inclusive, a iniciar mais tarde um relacionamento afetivo.

Ao final da terapia, M. dizia estar passando pela melhor fase de sua vida, usufruindo com prazer o fato de estar morando sozinha, sem precisar depender dos outros e por estar se realizando social e afetivamente, fazendo as coisas de que realmente gostava, além de manter o cuidado com sua saúde, com uma boa alimentação e caminhadas diárias.

## O controle do stress

Algumas estratégias podem ser desenvolvidas para serem utilizadas no controle de stress, evitando-se assim o desgaste excessivo.

*Procurar ter saúde* é uma atitude importante em qualquer fase da vida, especialmente na velhice onde o próprio processo de envelhecimento favorece o aparecimento de doenças. A saúde é responsável em grande parte pela autonomia na velhice e requer atitudes preventivas no sentido de se buscar cuidados médicos regularmente. Especialmente em situações estressantes, uma maior quantidade de vitaminas será utilizada pelo organismo, havendo maior desgaste e aumentando a probabilidade de doenças surgirem. Portanto, o cuidado com a *alimentação* é extremamente importante, necessitando de uma orientação médica, para uma alimentação saudável e balanceada, que garanta a ingestão dos nutrientes necessários e evite os excessos.

Também a prática de *atividade física regular* é de extrema importância no controle do stress, favorecendo a produção no organismo de substâncias responsáveis pela sensação de bem-estar. O próprio hábito de caminhar regularmente pode ser uma boa opção, especialmente quando não se dispõe de recursos para, por exemplo, frequentar uma academia. No entanto, a prática de qualquer atividade física requer uma avaliação e orientação médica, de acordo com as características e capacidades de cada um.

Saber relaxar é outro importante instrumento para manter o equilíbrio físico e mental, diminuindo estados de ansiedade e tensão. Existem várias técnicas de relaxamento e aqui segue uma adaptação do livro *Relaxamento para todos*, com um capítulo dedicado ao relaxamento para idosos, com procedimentos que conduzem ao relaxamento muscular, proporcionando bem-estar físico e emocional:

- Procure um local e uma posição confortável, evitando qualquer coisa que possa gerar desconforto. Coloque uma música suave, tranquila.
- Faça um treino de respiração, que será utilizado durante todo o exercício: inspire profundamente deixando o ar entrar pelas na-

rinas. Sinta o oxigênio entrando em todo o seu corpo. Solte os pulmões e encha o abdome. Segure o ar contando até cinco pausadamente e expire pela boca com força enquanto mentaliza a palavra *relaxe* pausadamente. Entre a expiração e a inspiração, procure pensar positivamente em amor, paz e saúde.
- Feche então os olhos e procure prestar atenção a cada parte do seu corpo. Inicie o relaxamento das partes do seu corpo.
- Contraia sua mão direita, fechando-a bem forte, punho dobrado para dentro, dobrando o cotovelo e deixando bem contraído o braço e antebraço. Mantenha enrijecido dessa forma por algum tempo e solte lentamente.
- Tensione agora os músculos dos pés e tornozelos. Segure por algum tempo e relaxe devagar.
- Retese fortemente os músculos do abdome, inspire e segure o ar. Solte o ar e descontraia os músculos lentamente.
- Contraia agora sua testa e relaxe. Feche os olhos com força e relaxe-os. Deixe os lábios semiabertos, pressione a língua contra o céu da boca e relaxe. Abra a boca em um sorriso bem forçado. Relaxe, amolecendo toda a musculatura de sua face.
- Inspire profundamente. Boceje. Estique-se.
- Imagine-se então olhando para uma tela branca na qual você assiste a um filme. Imagine nesse filme as coisas boas que ocorreram em sua vida.
- Continue de olhos fechados, respirando tranquilamente.
- Valorize-se pelo ser humano que você é.
- Pense nas coisas boas que ainda tem por viver.
- Alongue-se demoradamente, movimente-se lentamente.
- Abra os olhos lentamente, sem pressa, sentindo-se plenamente revigorado e com a sensação de felicidade dentro de você.

Além dessas, outras estratégias também podem ser desenvolvidas para se controlar o stress:
- Diante de algum problema, procure se acalmar evitando pensar somente no mesmo assunto, pois isso não é condição para solucioná-lo. Ao contrário, muitas vezes a solução surge quando nos afastamos do problema por algum tempo, nos distraindo e nos ocupando com outro assunto, o que não significa "fugir" do

problema, mas apenas afastar-se dele momentaneamente, até para adquirir forças para voltar e enfrentá-lo.

- Neste momento, procurar outras pessoas pode ajudar a desviar a atenção. Informar-se sobre os familiares, visitá-los, assim como a um amigo que você sabe estar passando por um bom momento, também pode ser uma boa estratégia para ajudar a desviar-se um pouco do próprio problema.
- Ajudar ou presentear outra pessoa também é uma maneira de desviar-se de suas tensões, além de favorecer a aproximação e o exercício da afetividade, interagindo com os outros, em vez de se afastar e se isolar.
- Passear, ler, ou fazer trabalhos manuais são atividades saudáveis para ocupar o tempo livre e proporcionar alívio de tensão.
- Procure manter-se atualizado, inteirando-se dos fatos importantes que estão acontecendo no país e no mundo e que estejam repercutindo na vida das pessoas. Isso favorecerá você a se manter integrado, conservando a comunicação com o seu meio.
- Desenvolver atividades de cunho religioso, desde, por exemplo, frequentar igreja como o próprio rezar, tem se mostrado um recurso eficaz para o controle do stress na velhice, além de promover o convívio social.
- Organizar o tempo e as tarefas pode ser um excelente recurso para evitar desgaste desnecessário e problemas consequentes do esquecimento de coisas importantes. Se o hábito de agendar, anotar as tarefas, tais como contas a pagar, compras, datas de aniversário dos parentes, nunca fora antes desenvolvido, este é um bom momento para introduzi-lo como parte da sua rotina, evitando assim os contratempos provocados pelo esquecimento. Um bloco de anotações mantido ao lado do telefone ou na porta da geladeira pode ser um recurso simples e eficiente.

O envelhecimento acarreta mudanças orgânicas com repercussões na audição, na visão, no equilíbrio etc. Como lidar então, por exemplo, com o fato de não mais poder dirigir o automóvel, locomovendo-se sozinho para onde se bem entende, ou somente conseguir ler utilizando óculos, ou ter dificuldade para escutar o que as pessoas falam? Sem dúvida, tais condições geram desconforto e a sensação de não poder mais participar da vida como antes tende a causar emoções negativas. Diante do inevitável envelhecimento fisiológico, adaptar recursos, exercitando a criatividade e buscando novos conhecimentos para isso, pode ser uma poderosa estratégia para se continuar vivendo bem, fazendo as coisas de que se gosta, sem precisar se privar totalmente delas.

Manter-se ocupado é fundamental, e talvez uma das questões que mais exige empenho por parte do idoso. Para essa finalidade, no entanto, é importante que se elejam as atividades que sejam realmente motivadoras e preferencialmente que estas favoreçam a interação social.

## Conclusão

Conclui-se, portanto, que a qualidade de vida na velhice é uma questão que envolve a todos. Os que ainda não estão nessa faixa etária devem começar um planejamento no sentido de criar condições em todas as áreas da vida, para que as atividades prazerosas possam ser mantidas mais tarde, em vez de colocar essa fase distante, como numa atitude de negação, que em nada favorece a possibilidade de adaptação. E os idosos devem avaliar a sua qualidade de vida atual e promover as mudanças necessárias.

O processo de envelhecimento envolve mudanças biopsicossociais que requerem condições de adaptação; portanto, é necessário que se desenvolvam recursos pessoais, sobretudo quanto à maneira de se interpretar e lidar com os acontecimentos, o que depende fundamentalmente do aprendizado e de modificação de características próprias, que promovam uma melhor adaptação e possibilitem ao idoso viver mais e melhor.

## Referências bibliográficas

NACARATO, A. E. C. B. *Stress no idoso – efeitos diferenciais da ocupação profissional*. Dissertação de Mestrado. Instituto de Psicologia da PUC. Campinas, 1995.

NERI, A. L.(Org.). *Qualidade de vida e idade madura*. Campinas: Papirus, 1993.

SKINNER, B. F; Vaughan, M. E. *Viva bem a velhice: aprendendo a programar a sua vida*. Trad. Anita Liberalesso Neri. São Paulo: Summus, 1985.

TANGANELLI, M. S. L. In: LIPP, M. E. N. *Relaxamento para todos: Controle o seu stress*. Campinas: Papirus, 1997.

*Você me estressa, eu estresso você*

# VOCÊ ME ESTRESSA, EU ESTRESSO VOCÊ

*Maria do Sacramento Tanganelli*

## Como homens e mulheres estressam um ao outro

Quando o casal inicia um relacionamento, vão sendo absorvidos um conjunto de crenças e expectativas que cada um desenvolveu em função de sua biologia, de sua cultura, dos modelos que teve na sua vida e do resultado de suas experiências com o meio em que atuou e atua. A situação socioeconômica, os aspectos culturais e o conjunto de crenças de cada um associados com as dificuldades externas podem levar os membros do casal a estressarem-se mutuamente. Os efeitos psicológicos e/ou físicos decorrentes da reação de stress têm relevância para a saúde física e mental do par e para as pessoas envolvidas incluindo os filhos, a família de base, o ambiente de trabalho e social. Inúmeras vezes os efeitos dos conflitos levam, além do desgaste do relacionamento, à tomada de decisões precipitadas que podem culminar com separações que não raramente se revertem em arrependimento no futuro. As respostas ao stress externo também refletem nos relacionamentos e quando um dos membros do casal toma decisões em função do acúmulo de fontes de stress pelas quais ele passa em determinado momento, pode acabar por concluir num futuro próximo que poderia ter agido de outra maneira com menos desgaste. O próprio divórcio muitas vezes ocorre em momentos em que a pessoa está passando por situações de perdas, podendo ser comum nessa situação perceber o parceiro pouco solidário.

Um bom exemplo é quando o marido perde o emprego. Ele pode se sentir estressado em função da maneira como interpreta a perda do salário e do *status* que o cargo lhe dava, sua autoestima pode diminuir e ele passa a não se sentir mais respeitado e admirado pelos seus familiares. Nessa situação, talvez se sinta incapaz. Se for uma pessoa vulnerável a frustração e se não tiver estratégias adequadas para lidar com o stress do momento, pode concluir que a melhor saída é deixar a família caminhar sozinha. Outra possibilidade é que venha a desenvolver uma depressão. A esposa por sua vez pode sentir-se desvalorizada pois pensa que, embora faça tudo para que o marido se recupere, ele não valoriza seus esforços. Para ele, tudo o que ela faz é interpretado como pena, como sinalizador de que ele é uma vítima e ela é forte. Essa situação relata a ação de uma fonte externa de stress (perda do emprego) e mesmo quando a compreensão parece lógica, ou seja, a mulher deve apoiar o marido temporariamente desempregado, ainda assim pode desencadear no casal níveis elevados de stress, em função da interpretação que cada um dá ao evento e ao comportamento do outro.

As habilidades para administrar a vida a dois não são aprendidas na escola e, normalmente, o casal procura ajuda quando o conflito já se instalou ou o desgaste do relacionamento já está presente. As diferenças e dificuldades, de autopercepção ou de interpretar o comportamento do outro, levam a relacionamentos fracassados.

Dificuldades nas esferas sexual e econômica são os motivos que mais frequentemente ocasionam desentendimentos entre casais e consequentemente altos níveis de stress. Uma vez que dinheiro é visto na sociedade como sinônimo de inteligência, *status*, prestígio e autoridade, tanto em casa como no ambiente profissional, é comum que homens em boa posição econômica se aproveitem dessa posição para afirmar sua vontade e exercer controle sobre suas mulheres. Por outro lado, as mulheres, quando têm recursos econômicos inferiores ou não têm reconhecimento pelo seu trabalho como dona de casa, pensam não ter o mesmo direito que seus homens de administrar o dinheiro. O marido tende a pensar que o dinheiro é dele, já que foi ele que ganhou todo ou a maior parte. A mulher passa a ter uma atitude de dependência, tem que pedir para se manter e, para agradar ao homem do qual depende economicamente, ela se esforça mais para dar do que para receber prazer. O sexo torna-se então um ato realizado em nome do dever. Elas se ressentem e passam a evitar o relacionamento sexual. Os homens, por sua vez, não conseguem ver que algo não está bem no relacionamento e atribuem isso à falta de habilidade por parte deles, interpretam como uma rejeição à sua virilidade. Em represália, acusam a mulher de ser fria na cama, o que a leva a sentir-se mais culpada, com a autoestima diminuída e menos desejo sexual.

A mulher sexualmente assertiva pode também ser uma ameaça para os homens ainda apegados à ideia de que as mulheres não deveriam ter relações sexuais antes do casamento e, muitas vezes, ao casar com mulheres experientes sexualmente, temem por seu desempenho na medida em que eles pensam que elas podem estar comparando seu desempenho com o de outros homens. Essa forma de avaliar pode ser uma fonte de stress para o homem.

Pesquisa e experiências clínicas concordam que, para que as pessoas sejam capazes de alcançar intimidade emocional e sexual, devem primeiro ter uma visão ampla de sua identidade, quem *são* e quais são suas crenças. A maioria dos casais se junta cheio de expectativas e sonhos irreais e, com o passar do tempo, reconhece o quanto são diferentes. Um passo importante nesse sentido seria o casal usar um método de "descrição de expectativas" em que cada um relata para o outro quais são as suas reais expectativas de relacionamento.

Uma relação é saudável e sólida quando os parceiros têm o conhecimento de sua identidade e do seu valor. Por outro lado, os membros de um casal devem também desenvolver habilidade para identificar qual é a área em que eles podem estar tendo problemas. Um relacionamento pode ter aspectos positivos e passar em alguns momentos por fases negativas. Embora exista uma tendência do casal em dizer que o relacionamento está perdido, muitas vezes a insatisfação pode ser em apenas uma área. Se o casal percebe suas áreas de sofrimento, eles podem, algumas vezes até com a ajuda de um profissional, determinar onde eles devem atuar.

É praticamente impossível falarmos em relacionamento sem levarmos em conta as diferenças de percepção entre homens e mulheres com relação a sexo, dinheiro, amor, casamento, filhos e intimidade. A maneira como homens e mulheres aprendem a interpretar esses aspectos e as diferentes expectativas que ambos têm a respeito dão origem a inúmeros conflitos que levam ao stress.

Algumas dessas diferenças que podem levar o casal a altos níveis de stress são:

- A autoestima das mulheres está muito relacionada com o fato de dar-se aos outros. Ocorre que muitas vezes elas se questionam incansavelmente "se deram o suficiente de si"; "se têm que dar mais". Neste caso, elas tendem a se estressar muito pois estão sempre sobre altos níveis de cobrança e insatisfação, que se potencializa na medida em que o parceiro passa a fazer mais exigências.
- Ao contrário da mulher, o senso de identidade dos homens está baseado na realização de objetivos econômicos e sociais, mais do que nas realizações pessoais, e, dessa forma, dar-se aos outros não é parte importante. Por outro lado, o sucesso na área profissional exige repressão dos sentimentos e por isto eles desenvolvem com-

portamento controlado e preciso. Muitas vezes, as mulheres interpretam esta diferença como falta de amor, sofrem e se tornam mais vulneráveis ao stress.
- As mulheres, quando se sentem incapazes de assumir uma posição de autoestima, desenvolvem modelos de comunicação inadequados, como manifestação de raiva exagerada, choro, e quando percebem que isso não resolve, elas se estressam e somatizam.
- Os homens se confundem, não entendem o que as mulheres esperam deles, pois não sabem lidar com a emotividade delas e acabam por se afastar na tentativa de lidar com a situação que se torna muito estressante.
- Enquanto as mulheres querem mudar, os homens querem restabelecer o equilíbrio anterior, procuram levar as suas queixas para o nível das discussões lógicas, gerando inúmeros conflitos por não haver entendimento.

### Papel das crenças nos relacionamentos

A partir da infância, as pessoas desenvolvem crenças, ou seja, modos de pensar sobre si mesmas, os outros e o mundo onde vivem. Essas ideias são tão profundas que, muitas vezes, elas não as articulam e as têm como verdades absolutas. Quando uma crença central é ativada, a pessoa interpreta as situações por meio dessa premissa, embora se pensasse em bases racionais talvez essas ideias se tornassem inverdades. No entanto, a pessoa tende a interpretar seletivamente as situações de forma a confirmar a crença central, desconsiderando informações que sejam contrárias.

Esses modos de pensar são chamados de "crenças" porque às vezes norteiam tudo o que a pessoa faz, como se fosse uma crença em algo superior.

As crenças centrais negativas, de acordo com a teoria de Beck, se encaixam em duas categorias gerais: as *associadas ao desamparo* e as *associadas ao fato de não ser amado*. Essas crenças são desenvolvidas desde a infância a partir do momento em que a criança inicia seus relacionamentos com outras pessoas. Elas seriam ativadas todas as vezes que a pessoa se encontra em momentos de dor psicológica e normalmente são supergeneralizadas e absolutistas.

Quando uma crença negativa é ativada, a pessoa encontra uma série de informações que a apoia e, ao mesmo tempo, ela passa a distorcer as informações que possivelmente contrariassem a crença. As crenças sobre os relacionamentos são frequentemente aprendidas na infância pelo contato com os pais, pela cultura em que vive a pessoa e em função das suas primeiras experiências amorosas. As crenças negativas do tipo "eu não sou capaz de ser amado"; "eu não tenho valor"; "ninguém me quer" são frequentemente ativadas nos momentos críticos pelos quais passam os membros de um par.

Por serem distorcidas, essas crenças acarretam muita discórdia na vida do casal e há necessidade de que ambos se empenhem em modificá-las, para que mude também o relacionamento.

As expectativas que cada parceiro tem sobre a natureza de um relacionamento íntimo influem na dinâmica do relacionamento em função das distorções nas avaliações que eles podem apresentar sobre o mesmo. Quando não são realistas, elas produzem frustração que frequentemente levam a relacionamentos calcados na hostilidade e chantagem emocional.

Quando, por exemplo, um casal inicia um relacionamento com a expectativa de que as demonstrações de atenção devem ser espontâneas (lembrar-se do aniversário de casamento) e que portanto não podem ser usadas dicas para que não ocorra o esquecimento, esse casal pode confrontar-se com a mágoa e os esquecimentos podem sinalizar erroneamente que o amor entre eles diminuiu. Os casais normalmente gostariam de viver em sintonia com um modelo idealizado: harmonia, solidez, união, sucesso, beleza. Ocorre que o modelo de casamento do marido pode não ser o modelo da esposa, é como se existissem dois casamentos, o dele e o dela. Neste caso muitas dificuldades podem ocorrer.

Existem algumas crenças que podem estar presentes na vida do casal. É importante para que tenham sucesso no relacionamento que cada um se esforce no sentido de identificá-las em si mesmo e conversar sobre as mesmas com o outro.

As crenças podem bloquear as tentativas de mudanças necessárias na relação, acarretando stress na vida do casal. Quando um dos parceiros muda o seu comportamento, o outro pode sentir-se ameaçado ou menos amado. Quando, por exemplo, o marido recebe uma promoção no trabalho, muitas vezes a esposa se sente insegura, pois acredita que o marido, ao tornar-se mais importante, pode não necessitar mais dela. Quando um casal ou um dos membros pensa dessa maneira, eles ficam mais vulneráveis ao stress por várias razões.

A seguir, se encontra uma lista de crenças comuns acerca dos relacionamentos e seus pares:

1. O casamento é a maneira mais perfeita de nos sentirmos amados(as) e protegidos(as).
2. As diferenças fazem com que os membros do casal sintam mais atração um pelo outro.
3. Os membros de um casal devem, antes de qualquer coisa, ser os melhores amigos um do outro.
4. O romantismo é o que garante o sucesso da relação.
5. Marido e mulher devem ter os mesmos objetivos.
6. No casamento, é importante que exista a sinceridade total.
7. Marido e mulher devem ser um só.
8. Os filhos salvam um casamento.
9. Um relacionamento sem filhos não é completo.
10. Roupa suja se lava em casa: marido e mulher podem falar o que quiserem um ao outro.
11. Uma relação extraconjugal justifica o fim de um relacionamento.
12. O sucesso do marido depende da dedicação da esposa.
13. A mulher pode abrir mão da sua carreira profissional, o homem não.
14. A mulher deve se dedicar mais à família do que o homem.
15. Uma relação com conflitos deve terminar, pois não é uma boa relação.
16. Discussões esquentam a relação e servem para reacendê-la.
17. Quando o parceiro está sexualmente motivado, o outro deve corresponder.
18. Homens dão menos importância à relação e ao amor do que as mulheres.
19. Mulheres podem depender dos homens economicamente, mas devem em troca seguir regras, principalmente no que diz respeito ao relacionamento sexual.
20. Mesmo quando a mulher trabalha e ganha tanto quanto o parceiro, cabe a ela a sobrecarga da vida doméstica.

## Confrontando as crenças

As crenças irracionais podem estar baseadas em percepções erradas e as emoções muitas vezes não têm relação com os eventos reais. Entre o evento e a emoção, ocorre o diálogo interno gerando as nossas emoções. Os pensamentos criam a ansiedade, a raiva, a depressão e o stress. Você pode eliminar as ideias irracionais que interferem no seu relacionamento.

Siga os passos do exemplo a seguir.

---

**Como confrontar as crenças que nos prejudicam**

---

*Evento estressante*
Descreva de forma objetiva os fatos que ocorreram na situação em que você ficou perturbado. "Meu marido se esqueceu do meu aniversário novamente. Já está quase no final do dia e ele ainda não me mandou flores."

*Ideia racional*
O modo mais racional seria pensar:
"Meu marido pode ter se esquecido, pois está sofrendo muita pressão com prazos no trabalho... Eu poderei arranjar uma maneira de ele se lembrar."

*Ideia irracional*
Às vezes, a pessoa pensa do seguinte modo estressante:
"Sinto-me terrivelmente rejeitada. Meu marido não liga para mim, estou arrasada... Não vou ter mesmo um marido como as outras têm."

*Consequência das ideias irracionais*
"Eu estou deprimida". "Eu me sinto rejeitada."

*O que pode ser feito: desafiando a ideia irracional*
1. Escolha a ideia irracional para trabalhar consigo mesma:
   "Sinto-me rejeitada."
2. Pergunte a si mesma: "Existe algum apoio racional para esta ideia?"
   "Não."
3. Continue a se perguntar: "Existe alguma evidência da veracidade dessa ideia?"
   "Não, apenas eu me convenci a ficar deprimida."
4. Verifique: "Quais são as evidências de que a ideia é falsa?"
   "Não receber flores não quer dizer que meu marido não me ame. Ele apenas se esqueceu de me enviar flores. Nem todos os maridos mandam flores à esposa no seu aniversário. Da próxima vez eu posso dar-lhe uma dica..."
5. Pergunte a si mesma: "Qual a pior coisa que poderia me acontecer?"
   "Eu posso ficar desapontada porque meu marido se esqueceu de me mandar flores."
6. Questione: "Quais as coisas boas que podiam estar envolvidas?"
   "Eu poderia me sentir mais segura, pois tenho confiança de que meu marido me ama."

*Pensamentos alternativos*
"Eu estou bem, estou segura e tranquila de que eu posso ser amada... Eu posso ficar sem ganhar flores caso isso realmente aconteça."

*Emoções alternativas*
"Eu estou tranquila, um pouco desapontada, mas posso convidar meu marido para comemorar o meu aniversário com um jantar a dois."

## A comunicação

– O que você está querendo dizer com isso?
– Eu? Eu não quis dizer nada...

Conviver, dia após dia, com uma pessoa que pensa de modo diferente aumenta inevitavelmente as possibilidades de ocorrência da intolerância, da incomunicabilidade e da incompreensão entre os cônjuges. Portanto, o casal deve se lembrar de que o casamento traz dificuldades, crises, conflitos e questionamentos entre o homem e a mulher. Deve, então, iniciar uma relação contando com a possibilidade de que ambos tenham sonhos, desejos, expectativas diferentes um do outro.

Quando se pensa em comunicação, deve-se considerar a comunicação verbal, a gestual, a expressão facial, a postura corporal, a do comportamento, as atitudes, o tom de voz. Dessa forma, ao falar com o cônjuge a comunicação deve ser aberta, ou seja, quem fala deve estar aberto e disposto a mudar a forma de pensar. Deve ser franca, corajosa, sem ser vingativa ou ofensiva.

Abaixo citaremos alguns tipos de comportamento que quase sempre trazem perigo à relação e levam fatalmente a um alto stress.

---

**Modos de agir que estressam o outro**

*O tipo silencioso:* A pessoa se cala. Podem ser pessoas inseguras, com baixa autoestima, temem ser rejeitadas. Por outro lado, o outro pode se sentir culpado e/ou punido, ou ainda pode se aproveitar da fraqueza do parceiro e se tornar mais agressivo. Pode passar também uma ideia de pouco ou nenhum interesse pelo outro.
Exemplo: O parceiro(a) chega em casa contando um evento do seu dia. O outro ouve e, sentindo-se incapaz ou desmotivado de comentar, apenas balança a cabeça. Terminada a conversa, pergunta simplesmente se ele(a) já quer jantar.
O stress ocorre porque a pessoa deste tipo tende a fazer o que acha que deve ser feito, mas não divide com o outro as dúvidas, as alegrias têm pouca vitalidade. Pode fazer tudo junto com o parceiro, mas deixa o outro se sentir só. Muitas vezes leva o casal a ter uma relação depressiva.

*O tipo não assertivo:* A pessoa não assertiva pode ser mais facilmente manipulada pelo outro, tem dificuldades de expressar o que sente e/ou o que pensa. Frequentemente tende a evitar as discussões para não criar caso e, por isso, pode ter uma tendência a acumular mágoas e a se distanciar do parceiro por não se julgar capaz de enfrentar as dificuldades ou por se sentir menos amada do que gostariam de ser.
Exemplo: O marido reclama que a esposa gastou muito no mês. Ela sabe que gastou porque as crianças adoeceram ou teve gastos extras com a escola, mas não esclarece.

O marido continua com a ideia de que tem uma mulher perdulária.

Ser não assertivo na relação traz dificuldades para o casal. O não assertivo se sente normalmente mal-entendido, usado e explorado. O outro sente não ter um parceiro que se expressa de maneira eficiente, deixando sempre a sensação de que sua reação será uma incógnita, uma vez que nunca diz o que realmente pensa e/ou sente.

*O tipo dominador:* O tipo dominador não admite ser contestado. Frequentemente evita as discussões, mas dita regras e exige que o outro as siga sem questionar. Nunca admite ser culpado e tende a culpar o outro pelo fracasso da relação. O parceiro não pode brilhar numa reunião e não raras vezes são desencorajados a dar opiniões.

Exemplo: Em uma reunião social, cada vez que o marido vai contar algo, a esposa diz: "Espera, deixa que eu conto. Você não sabe dos detalhes."

E depois, quando alguém elogia a esposa, o marido diz:

"Por falar em mulher bonita, vocês viram a foto da [cita uma top model]? Isso é que é mulher hein?"

Por ser rígido e querer ter o poder a todo o custo, torna a relação tensa, se estressa com a luta constante pelo poder e estressa o outro, que se frustra por ter que se submeter constantemente.

*O tipo agressivo:* Nas discussões é o primeiro a falar, não cede a vez ao outro e não aceita ser questionado. Sente-se mal se tem que dar explicações.

Exemplo: O marido chega em casa e comunica que teve um aumento, ao que a esposa responde:

"Que me interessa, eu sei que você vai trocar de carro em vez de pensar em reformar a minha cozinha."

"O marido chega tarde em casa e a esposa gentilmente pergunta o que houve. Ele já gritando diz: 'Não começa, você sabe que eu detesto discussões'."

O stress que esse tipo experimenta advém do fato de um duvidar da capacidade do outro. Há uma necessidade de ser adorado pelo outro, o que colabora para o aparecimento da frustração além do ambiente hostil.

*O tipo dependente:* Por necessitar da aprovação do outro, evita o confronto. Não faz valer seu ponto de vista e não argumenta. Por ter medo de ficar sozinho, dificilmente critica, mas aceita silenciosamente as críticas do outro.

Exemplo: O marido chega em casa exultante e diz:

"Querida, fui promovido e vou receber um aumento, vamos sair para jantar e você escolhe o restaurante."

Ela diz: "Ah, imagina, escolhe você, eu nunca acerto."

O tipo dependente se estressa, pois tem uma necessidade constante de contato físico, atenção, afeto, tem medo de ficar só e por isso se liga indistintamente a todos. Tende a dar continuidade a relacionamentos que lhe dão pouco ou que são improváveis. Por outro lado, quem vive com um parceiro desse tipo tende a se sentir proprietade do outro, sente-se na obrigação de retribuir as expectativas de afeto ou sente-se constantemente cobrado por não corresponder às expectativas.

Quando um dos membros do casal ou mesmo os dois agem segundo um dos modelos apresentados, existe grande possibilidade de que ocorram dificuldades no relacionamento. Normalmente as relações tornam-se difíceis, não há crescimento e se transformam em um campo de batalha. Além das expressões claramente agressivas, outras dificuldades nas relações de casal podem causar tristeza, sofrimento, ainda que dissimulado. A ansiedade e a angústia podem dificultar o posicionamento de um dos cônjuges. Muitas vezes, o sofrimento pode ser agravado pela lembrança de um fato desagradável, por um comportamento ofensivo do parceiro, por medo de perdê-la. Então, pensa em evasões conjugais, sente ódio e uma forte emoção devida à cólera.

**Comunicando-se sem stress**

Ao nos comunicarmos, estamos externando o que pensamos e muito das nossas crenças; e temos que avaliar: "Estou me sentindo vítima da situação?"; "Estou julgando o outro neste momento?"; "Quero mudar o outro?"; "Devo mudar algo em mim para melhor entender o meu parceiro?"

Alguns tipos de comunicação também podem desencadear no outro sentimentos de culpa, frustração, que em muito contribuem para gerar reações de stress:

- Não se fazer entender por ser não assertivo ou por temer a reação do outro.
- O parceiro sempre o entende errado: pode ser verdade se ele não se explica direito ou pode ser por se sentir sempre a vítima.
- Tendência a culpar os outros pelos problemas do relacionamento.
- Fingir que nada aconteceu, não quer se lembrar de situações, eventos, frases ou comportamentos que aconteceram no relacionamento e que causaram mágoa. A pessoa faz isso com a intenção de não aumentar o sofrimento que sente por ter sido traído, rejeitado, ofendido. Prefere negar a evidência de uma situação do que enfrentá-la com o parceiro.

É impossível se falar de relacionamento homem/mulher sem atentarmos para o fato de que entre eles existem grandes diferenças quanto à maneira como consideram o sexo, o amor, o casamento e a intimidade. Em função dessas diferenças, muitas vezes surgem os conflitos quando se estabelece uma relação íntima entre o casal.

Os parceiros muitas vezes se sentem confusos entre o dilema apresentado a seguir: procurar fazer com que a sua maneira de ser coincida inteiramente com a do seu parceiro e, dessa forma, obter o máximo de aprovação e segurança, porém correndo o risco de perder a sua identidade; ou aceitar que o parceiro, em função das experiências pessoais passadas, tenha um mundo diferente do seu, ou seja, que ambos tenham uma maneira pessoal de ver o mundo, porém com a desvantagem de ser menos aprovado?

Os parceiros precisam concordar entre si, mas devem levar em consideração que duas pessoas nunca têm experiências anteriores semelhantes e, portanto, nunca poderão perceber um evento de modo idêntico.

Os membros de um casal, muitas vezes, sentem dificuldades em expressar um ao outro, em palavras, o que pensam ou o que sentem. Outras vezes, o que pensam não corresponde ao que o outro quis realmente lhe dizer.

A seguir, citamos as situações que mais estressam os pares em uma relação.

## O que estressa o casal

Eles dizem:
- Ela me estressa quando
*ela ralha comigo, como se fosse minha mãe;*
*toma as rédeas se eu cometo um erro;*
*se adianta e faz o que eu posso fazer;*
*só fala em "cri-cri" (criança e criada);*
*diz que se sacrifica por mim;*
*fala sem parar dos sucessos de outro homem;*
*se comporta como menina para conseguir algo;*
*diz: agora não é hora...;*
*fica emotiva;*
*me culpa pelos problemas dos filhos;*
*me julga em vez de me compreender;*
*eu mal chego em casa e ela fala do seu dia;*
*diz o que eu devo fazer na cama;*
*quero ficar quieto e ela quer que eu fale;*
*eu falho e ela acha que o problema é com ela;*
*me faz sentir responsável por sua felicidade;*
*me avalia em função do potencial econômico.*

Elas dizem:
- Ele me estressa quando
*não nota meu novo visual;*
*me pergunta onde estão as coisas;*
*eu falo e ele nem me olha;*
*pergunto do trabalho e ele muda de assunto;*
*é carinhoso e logo pensa em sexo;*
*peço apoio e ele diz que não pode;*
*esquece as nossas datas;*
*liga a televisão e me ignora;*
*chega em casa e se isola;*
*sai com os amigos;*
*me manda ficar quieta;*
*diz que eu gasto muito;*
*me culpa pelo comportamento dos filhos;*
*esconde quanto ganha;*
*olha para outra mulher;*
*eu o convido para sair e ele diz que está cansado;*
*se atrasa e não avisa;*
*invalida meus sentimentos;*
*se esquece de fazer as coisas que eu peço.*

Algumas regras são importantes para a boa comunicação do casal, tais como as seguintes.

| **Algumas regras para a boa comunicação** |
|---|
| 1. Se você se aborrece com o seu parceiro por algum motivo, não espere que ele adivinhe o que o(a) incomoda, diga o que sente e o que quer dele. Faça isso de maneira direta e por pouco tempo. Conversas longas estressam e não resolvem a situação. |
| 2. Não exagere quando estiver aborrecido(a). Relate o fato de forma clara e objetiva e diga a seu parceiro o que espera dele(a). |
| 3. Converse com o seu parceiro sobre estratégias para interromper a conversa quando esta toma rumos desastrosos. |
| 4. Quando iniciar uma conversa, certifique-se de que você tem no momento uma compreensão clara dos seus sentimentos. Cada parceiro deve ter consciência dos seus sentimentos positivos e negativos. Primeiro, a respeito de si mesmo, e depois a respeito do outro. Um passo importante é anotar por um tempo (15 dias) que tipo de sentimentos você tem no dia a dia, nomeá-los e relacioná-los às situações que os desencadeiam (circunstâncias, pessoas, fatos ou situações). Veja quais são os sentimentos que se originam do seu relacionamento e quais aqueles que advêm de outras situações. Muitas vezes, as discussões evoluem até chegar às brigas. |

As brigas acontecem em todos os tipos de casamento e alguns especialistas chegam mesmo a dizer que têm mais receio das relações em que as brigas não ocorrem. Em geral, as brigas surgem quando a pessoa se sente atacada, invadida, ferida, injustiçada, para compensar a própria insegurança, a fraqueza ou por se sentir estressada, e podem ser também desencadeadas pelas características de personalidade do parceiro: o tipo *agressivo*, que nunca está bem consigo mesmo; o tipo *indiferente*, que parece que tem sempre razão, não levanta a voz, não se abala; o *ameaçador*, que intimida o outro com frases. Esses tipos de personalidade têm a finalidade de dominar o outro, de tolher a liberdade e a possibilidade de desfrutar de uma boa relação. Estressam a si mesmos e ao outro e inúmeras vezes levam o parceiro a ter sentimentos de culpa, sentindo-se responsáveis pelas reações do outro.

Muitas vezes, por se sentir estressada com o dia a dia, a pessoa faz uso das brigas como estratégia para a busca de alívio. Porém, quando as brigas tornam-se rotineiras, levam o casal a manter níveis constantes de stress, o que não faz bem para a relação. Quando a crise do casal é oportunamente percebida e avaliada, pode ser uma oportunidade de reformular a relação e evitar os desentendimentos.

*Quando uma relação é funcional, os seus membros estabelecem uma diferença entre as suas fantasias, pensamentos e a realidade de cada um.*

## Passando férias no Havaí

O casamento é como se resolvêssemos tomar um avião para passar férias no Havaí e, ao descer do avião, percebêssemos que fomos aterrissar nos Alpes Suíços. Faz frio, está nevando, não tem piscina nem sol. Vamos precisar comprar roupas de inverno, aprender a esquiar, falar outra língua. Constatamos, com surpresa, que é tudo bem diferente do que tínhamos imaginado. É perfeitamente possível passar ótimas férias na Suíça mesmo, só é preciso ter paciência...

Lederer e Jackson (*A miragem do casamento*)

Essa metáfora demonstra como as nossas expectativas podem ser frustradas, entretanto, utilizando de estratégias positivas, o relacionamento pode ser reformulado e se transformar numa relação saudável para ambos.

Entre as estratégias, podemos citar a Visualização Emotiva Racional (V.E.R.). Essa técnica pode ser praticada com o objetivo de modificar emoções estressantes.

**Passos para modificar emoções estressantes**

1. Imagine o evento estressante. Observe todos os detalhes.
2. Sinta-se desconfortável. Experimente suas emoções.
3. Tendo experimentado as emoções estressantes (raiva, irritação, ansiedade, depressão, inutilidade, culpa, humilhação), esforce-se para transformá-las em preocupação, desapontamento ou tristeza.
4. Você modificou o seu sistema de crenças.
5. Troque a expressão "você vai me enlouquecer" por "você me deixa preocupada com o seu comportamento, mas eu vou tentar entendê-lo".

*Exemplo:*

Essa técnica foi praticada por uma esposa que ficava deprimida todas as vezes que o marido chegava em casa e sentava-se à frente do computador. Passava por sua mente, ela podia imaginar o marido chegando em casa, tomando banho, jantando, levantando-se da mesa e indo para a sala do computador, o som da cadeira se arrastando quando ele se levantava e o som do computador sendo desligado. Ela podia imaginar ainda o entusiasmo dele ao apertar as teclas do computador nos seus papos pela Internet. E assim o desconforto e o desânimo iam tomando conta dela. Após tomar contato com as suas emoções estressantes, ela se esforçou para modificar seus sentimentos. Praticando de hora em hora, ela transformou a depressão em desapontamento, experimentando um novo diálogo interno: "Eu não preciso me sentir rejeitada. Se ele prefere passar o seu tempo no computador, eu posso arranjar outras coisas bem interessantes para fazer. Eu posso visitar amigos, eu posso estar com meus familiares, eu vou cuidar de mim e me dedicar às minhas necessidades."

"Passar férias nos Alpes Suíços é maravilhoso."

### Referências bibliográficas

ANDOLFI, M.; ANGELO, C.; SACCU, C. *O casal em crise*. São Paulo: Summus, 1995.
BECK, J. S. *Terapia cognitiva*. Porto Alegre: Artes Médicas, 1997.
DATILLIO, F. M.; PADESKY, C. A. *Terapia cognitiva com casais*. Porto Alegre: Artes Médicas, 1995.
SELIGMAN, M. E. P. *O que você pode e o que não pode mudar*. Rio de Janeiro: Objetiva, 1995.

## *O círculo vicioso: todos se estressam na família*

# O CÍRCULO VICIOSO:
# TODOS SE ESTRESSAM NA FAMÍLIA

*Marilda Emmanuel Novaes Lipp*

A família oferece proteção, carinho e, acima de tudo, um palco onde podemos deixar a nossa vida se desenrolar. Porque ela oferece a segurança do amor e da aceitação, é nela que experimentamos novos comportamentos e arriscamos a não ser simpáticos, inteligentes, amorosos ou bem-educados o tempo todo. Temos a certeza de que no ambiente protegido de casa podemos ser nós mesmos e é assim que aprendemos a ser adultos felizes. Esta deveria ser a missão da família, e muitas vezes é isto o que ocorre. Os especialistas, porém, hoje reconhecem que, em algumas situações, a família pode ser uma fonte poderosa de stress em algumas situações, ao lado de outros fatores como a ocupação, a situação político-econômica do país e a própria constituição física ou emocional do indivíduo.

Muitos estudos têm enfocado os efeitos que uma família disfuncional pode ter em seus membros. A família, aqui considerada como o núcleo de pai, mãe, filhos e avós, vivendo na mesma casa, pode gerar um stress até mais poderoso do que aquele que advém de outras fontes porque é nela que se espera encontrar conforto para as dificuldades do viver, é nela que a pessoa se despe de alguns cuidados e pode ser ela própria em toda a sua magnitude. Este ato de relaxar, de deixar de lado, mesmo que momentaneamente, as defesas que são necessárias na sociedade, de despir de pretensões, de retirar a máscara podem, dependendo das circunstâncias, ser benéficos ou não. Quando a família tem afinidades fortes, aceita a peculiaridade dos seus membros com naturalidade e oferece apoio, compreensão e aceitação, ela se torna a principal fonte de apoio.

O stress gerado pelo mundo externo ou mesmo pelas dificuldades emocionais do ser humano é reduzido quando uma família adequada existe. Os membros de uma família que entendem e aceitam uns aos outros, tornam-se a maior fonte de alívio para o stress; os medos e o nervosismo se dissipam e as tensões são reduzidas, como se a pessoa de repente saísse da tormenta e entrasse em um refúgio.

Quando, no entanto, a família faz cobranças em excesso e a expectativa de apoio e carinho não é correspondida, o retirar da máscara social se torna difícil e às vezes até prejudicial. Natural se torna que a pessoa se sinta deprimida e decepcionada quando sua família em vez de lhe dar o apoio necessário, a trata com indiferença ou usa o conhecimento que tem de suas fraquezas e dificuldades para criticá-la. As pressões geradas nesse tipo de situação extrapolam para o mundo lá fora, de modo que os membros de famílias que apresentam estas características se tornam estressados e frequentemente têm problemas em outras áreas também, como a profissional, social ou até afetiva. A situação é agravada, ainda mais, pelo fato de que o stress nessas outras áreas, por sua vez, acaba contribuindo para que a tensão domiciliar também aumente. Um círculo vicioso se estabelece: o stress gerado por uma família insensível torna a pessoa mais suscetível a ter stress fora de casa, e este stress externo à família torna a pessoa mais irritada o que, por sua vez, cria tensão dentro de casa. Esta tensão aumentada agrava o stress na família que, naturalmente sem ter consciência deste círculo vicioso, torna o ser humano mais vulnerável ao stress de fora.

No exposto acima, é a família que traz aos seus membros um stress peculiar de sua maneira de ser, e se faz necessário entender como as características ou circunstâncias que envolvem determinados membros de uma família podem acrescentar stress excessivo aos outros membros e afetar a dinâmica familiar. Várias situações se configuram como estressores em potencial, embora de natureza diversa, todas elas com o poder de criar stress na família como um todo.

Por exemplo, é fato conhecido que a doença grave de um dos membros da família estressa as pessoas mais próximas, tanto que a Escala de Reajustamento Social, de Holmes e Rahe, considera que as doenças de familiares exigem 44 pontos de energia adaptativa para que as pessoas possam lidar com o problema. Energia adaptativa aqui se refere à quantidade de esforço que uma pessoa tem que despender para lidar, ou se adaptar, a uma determinada situação. Toda e qualquer mudança que ocorre em nossa vida, seja ela por nós interpretada como boa ou como má, exige adaptações e mudanças no nosso modo de viver. Assim sendo, casar, ter filhos, ser promovido, comprar algo de valor alto, se divorciar, sofrer um acidente, o falecimento de alguém na família ou qualquer outro fato que exija reajustamento social desgastam o organismo, pois exigem que a pessoa faça adaptações para lidar com o evento. A quantidade de energia adaptativa que se possui é limitada, de modo que a utilização de uma grande parte desta energia leva à debilitação do organismo e aumenta a probabilidade da pessoa vir a adoecer devido ao stress. De acordo com Holmes e Rahe, quando a pessoa acumula mais de 150 pontos num período de 12 meses, sua chance de vir a adoecer nos próximos meses devido ao stress é de 50%. Quando o número de pontos chega a 300, a probabilidade se eleva a quase 90%. Desse modo, verifica-se que a doença de alguém na família pode aumentar a probabilidade dos outros familiares adoecerem também.

Quando a doença é terminal, principalmente quando se trata de doença de filhos, o nível de stress atinge índices muito altos e, na maioria das vezes, diversos membros da família adoecem durante o curso da doença do outro. Os pais se exaurem cuidando da criança e uma pessoa cansada e receosa não pode se doar adequadamente aos outros; desse modo, os demais filhos e cônjuge muitas vezes se sentem abandonados e rejeitados.

A família é um todo que funciona como um sistema vivo ano após ano. Como um sistema, ela tem sua rotina de "estar juntos", na qual cada pessoa tem sua função, seu papel. No momento em que um dos membros adoece, com uma doença terminal, os outros membros não só deparam com a iminência da morte de um deles, mas também se confrontam com a "morte" da família nos moldes que eles conheciam. O sistema, a vida da família, se torna ameaçada. Neste momento, frustrações antigas, tensões latentes e hostilidades não discutidas abertamente no passado começam a aflorar e se não existe um método de comunicação adequado, outros problemas surgem.

Quando a doença é crônica, ou ocorre uma deficiência física ou mental na família, o "cuidador" poderá sentir os efeitos do stress. No caso de crianças com doenças crônicas graves, os pais, na maioria das vezes, sentem-se culpados se dedicam algum tempo ou recurso material para seu próprio prazer. Isso os força a viverem em função da criança doente; consequentemente, o stress deles aumenta com o passar do tempo, devido à falta de alívio, mesmo que momentâneo, da tensão.

O stress associado a doenças crônicas na família se manifesta mesmo quando o doente não é o filho, mas também quando se trata dos pais. Por exemplo, recentemente uma dissertação de mestrado, defendida na PUC Campinas por Ana Lúcia R. Oliveira, revelou que o "cuidador" do paciente com doença de Alzheimer torna-se, em geral, uma pessoa altamente estressada. Nessa doença, o paciente pode ter uma saúde muito boa, viver muitos anos, enquanto a deterioração mental aumenta sistematicamente. A confusão mental, as dificuldades de autocuidado e os outros aspectos envolvidos exigem uma grande dedicação por parte do cuidador, que não pode se descuidar do idoso em momento algum. Seu nível de stress, consequentemente, reflete essa situação de alerta perene.

Outros trabalhos revelam que a família de uma pessoa constantemente depressiva vem a ter algum tipo de problema com frequência, às vezes até se tornando depressivos também. A depressão, não tratada, torna a pessoa cronicamente triste e sem desejo de participar de atividades sociais. A libido fica também frequentemente reduzida, de modo que a vida sexual do casal se torna prejudicada. Este é um dos mais comuns estressores citados pelos casais em terapia conjugal. Além disso, uma pessoa depressiva não sente vontade de interagir afetivamente com outras pessoas ou de ir a passeios ou viagens. Em todos os aspectos a depressão, não tratada, de um membro da família pode vir a causar stress nos demais.

O melhor método de se lidar com uma doença crônica na família é por meio de uma habituação a ela, a fim de que os familiares não se mantenham constantemente em estado de crise. A habituação é inevitável e também necessária para a sobrevivência dos cuidadores. No entanto, a habituação não se refere a adotar uma atitude desumana ou descuidada. A pessoa necessita estar sempre consciente das necessidades do enfermo, e pronta para acudi-lo ou fornecer o necessário, porém os familiares não podem permanecer em estado de alerta constante, do contrário eles próprios entrarão em stress.

A morte de um dos pais, ou a de um cônjuge, exige cem unidades de energia adaptativa por parte das pessoas e se constitui no evento mais estressante na Escala de Reajustamento Social. Quando a morte é de um filho, o stress é ainda mais pronunciado, pois a ordem natural dos acontecimentos é invertida e os pais e irmãos demoram muito para se recuperarem. O luto crônico muitas vezes ocorre e há pessoas que não conseguem se recuperar totalmente. Esperar que alguém se recupere rápido da perda de um membro da família com o qual viveu dia após dia, ano após ano é no mínimo utópico. O natural é que o luto, principalmente do filho, dure bastante. Mas ele precisa ser aliviado a fim de que a pessoa possa continuar a sua vida.

Muitas vezes uma família vive continuamente em estado de stress porque um dos membros funciona como um agente desestabilizador da tranquilidade e da harmonia. Isso é comum nos casos em que alguém ou sofre de um problema emocional grave, como uma neurose ou psicose, ou tem comportamentos delinquentes, como roubar, usar drogas, brigar, se envolver em atos criminosos etc. No caso de neurose, a pessoa que a possui em geral acaba escravizando todos que com quem ela vive. Isso se deve principalmente porque o neurótico, tipicamente, é uma pessoa instável. Ele ora é gentil e amável, ora é bruto, egoísta, insensível e cruel. Se ele fosse sempre ruim, ou agisse sempre de modo desagradável, seria, até certo ponto, fácil para os familiares neutralizarem sua influência e o stress que ele gera, porém, como há momentos em que ele pode ser uma pessoa perfeitamente adorável, as pessoas que o rodeiam nunca sabem como ele estará no momento seguinte. Um ambiente de intranquilidade se segue, no qual os demais se desdobram em agrados, na tentativa de apaziguar o seu mau humor e mantê-lo feliz. Nesse processo, todos se estressam e o foco do problema continua sempre reclamando de todos ao seu redor e de como a vida lhe é difícil. Na realidade, se a vida da pessoa portadora de uma neurose é difícil, inevitavelmente a das pessoas que a amam também será. A família, como uma unidade, sofre com isso e o stress nessas situações é sempre grande. Uma maneira mais parcimoniosa de se lidar com alguém assim instável, é não se curvar tanto aos seus desejos e caprichos. Todos na família necessitam de atenção e de ter algumas de suas necessidades satisfeitas. Não se deve sacrificar o bem-estar de todos em prol do de uma só pessoa que seja exigente e difícil. O melhor que se pode fazer é encaminhar tal indivíduo para uma terapia que possa lhe ajudar na busca do alívio da neurose e viver de modo mais adaptado. Se ele recusar ajuda, deve-se continuar a viver o melhor possível uma vida independente das exigências desta pessoa, colocando limites no que se faz para agradá-lo. A pessoa com neurose não é necessariamente má, porém a sua instabilidade e a sua dificuldade de manter uma coerência em suas atitudes levam sua família a um stress que, muitas vezes, dura anos e é até reproduzida na prole. A neurose é um estressor também para a pessoa que a tem, pois como a sua percepção da realidade é normal (embora muitas vezes ela fique enviesada devido às crenças e modos errôneos de ver o mundo), ela compreende que algo não está certo na sua maneira de agir. Esse entendimento leva ao sofrimento e ao stress. Embora se deva compreender por que a pessoa age de modo tão irascível e difícil, deve-se também agir de modo a não nos submetermos à neurose ou interpretações enviesadas da pessoa neurótica.

No caso de psicose, o stress advém, em geral, do medo que a pessoa inspira nos familiares, devido às dúvidas quanto ao que a pessoa poderá fazer. Em casos mais graves, pode surgir o medo de ser agredido fisicamente e até o de ser morto. Em um clima desses é de se imaginar o nível de tensão existente. Psicose não desaparece com o tempo, toda e qualquer pessoa que sofra deste mal necessita de tratamento especializado. A pessoa não age de modo tão conturbado porque assim deseja. Em geral essa pessoa nem compreende o que está fazendo. Ajuda profissional deve ser procurada e os demais membros da família necessitam entender que estão lidando com alguém muito doente, que precisa de ajuda, porém esta compreensão dos fatos não deve levar à escravidão emocional de ninguém. Cada um deve procurar meios de lidar com o problema de modo que não se envolva em fantasias e alucinações. Uma barreira emocional deve ser colocada entre a pessoa em surto e os demais para que estes possam continuar a viver uma vida normal. Logicamente, isso não deve implicar tratamento menos do que correto por parte dos familiares. Toda a ajuda deve ser dada de modo humano e ético, porém, a família deve continuar com sua vida normal.

Em casos de comportamentos antissociais, delinquentes e perigosos compete à família ajudar a pessoa a se encontrar. A ajuda maior em casos assim deve vir da família. Não se deve nunca deixar de lado um adolescente porque o seu comportamento é delinquente. Ajuda terapêutica e familiar em um momento crítico pode levar a pessoa a reencontrar o caminho da adaptação e felicidade. Em caso de uso abusivo de drogas, mais ainda, é importante que a família se una para ajudar a pessoa. Tudo deve ser tentado, e na grande maioria dos casos, se isto for feito, a pessoa acaba reencontrando os padrões da família. No entanto, é de se entender que tal situação seja altamente estressante para todos envolvidos, uma vez que ela além de envolver a segurança do infrator e, frequentemente, de seus familiares, também envolve o sistema judiciário, a polícia e a comunidade. É importante em casos assim que a família tome precauções para que não passe a viver em função do problema. Lembrar que toda família é maior do que o problema de cada um de seus membros é fundamental. Cada um deve tomar providências para aliviar a tensão por meio de técnicas de controle do stress excessivo.

Uma outra situação em que a família, no global, apresenta sintomas de stress e onde a recuperação é lenta, é o caso de infidelidade conjugal, seja do homem ou da mulher. Poucas situações afetam tanto a tranquilidade doméstica como a descoberta de um caso extraconjugal. Aquilo que era contado como certo não mais o é, a confiança que se tinha no marido ou na mulher não mais pode ser mantida, os filhos questionam as ausências da pessoa infiel de casa, e tudo o que a pessoa diz passa a ser analisado com cuidado e desconfiança. Filhos e cônjuge se amedrontam com uma possível perda da pessoa amada e, mais ainda, com a falsidade da outra pessoa. A confiança não é reconstruída com facilidade e muitas vezes nunca se reconstituirá. O poder de perdoar pode ser grande, mas o de esquecer normalmente não o é, e as pessoas mesmo entendendo o motivo da traição - muitas vezes até vendo a sua própria contribuição involuntária para o ocorrido -, não a esquecem logo. O stress não só atinge um nível alto, podendo originar doenças nos envolvidos, também como se prolonga, às vezes, por períodos muito longos. Neste caso as pessoas envolvidas deveriam realmente considerar se conseguem ou não lidar com a manutenção do casamento após a descoberta da infidelidade. Muitas vezes, o ocorrido pode ser deixado de lado e não é incomum muitos casamentos se estabilizarem após a crise. Muitas pessoas conseguem crescer com a crise e, às vezes, um casamento que era insatisfatório melhora porque os parceiros durante a crise conseguem se comunicar e estabelecer o "ficar juntos" como prioridade. Se os parceiros não conseguem deixar o que se passou de lado e continuar o relacionamento, então devem considerar seriamente uma separação, pois um estado de stress constante não deve ser mantido em hipótese alguma, já que o risco de doenças e problemas mais sérios é muito grande.

A perda de emprego, assaltos, as mudanças econômicas do país, a pobreza, a reprovação de crianças na escola são fatos conhecidos como naturalmente estressantes para qualquer família (Lipp et al, 1993).

Há outras situações menos comuns que também causam stress na família porque exigem adaptações de todos os membros. Até mesmo situações extremamente agradáveis podem ser estressantes em um dado momento. Uma das mais comuns é a do nascimento de uma criança na família. Em que pese a alegria do evento, o nascimento pode criar bastante tensão, pois exige mudanças no comportamento de todos, desde os pais até os irmãos mais velhos. Todos têm que se conformar com menos de tempo para si; o bebê passa a ser um soberano que determina, até certo ponto, a rotina da família inteira. Não é fora do comum que haja regressão por parte de crianças um pouco mais velhas, tais como voltar a molhar a cama, chupar dedo, fazer birras etc.

A saída dos filhos de casa para frequentar uma universidade distante é outro fator estressante, tanto para quem sai como para os que ficam, pois a rotina é modificada, e a incerteza sobre as mudanças que ocorrerão torna-se grande e prejudica a homeostase emocional da família.

Dentre os fatores estressantes, menos percebidos e consequentemente menos discutidos, pode-se mencionar o que ocorre quando um dos familiares de repente se torna famoso, e passa a ser procurado pela imprensa, a participar de programas de TV etc. No mesmo tipo de situação se encontra a família que conta com alguém que tenha um trabalho ou um cargo que o faça estar sempre em foco, como políticos, artistas, jogadores ou cientistas muito conhecidos. O stress advém de ser sempre citado como "filho" ou "cônjuge" da outra pessoa e ter que muitas vezes seguir um comportamento compatível. Assim a criança tímida que é filha de uma artista conhecida é frequentemente cobrada por não ser tão extrovertida como a mãe. Muitas vezes também o stress advém da falta de privacidade.

Há situações ainda em que um dos pais tem um trabalho que o obriga a mudar com frequência de cidade, ou até de país. A família necessita fazer uma grande adaptação toda vez que se muda. Escolas novas devem ser encontradas, hábitos alimentares são mudados, amigos são deixados e novos companheiros são encontrados. As esposas de executivos que mudam muito necessitam desenvolver uma grande capacidade de adaptação para lidar com as mudanças. Mudanças contínuas em geral fortalecem os bons casamentos, pois unem os cônjuges para enfrentarem a situação, e prejudicam os casamentos que já não são tão sólidos, ou que estejam em crise. De modo que, antes de aceitarem uma mudança de cidade ou país, a pessoa deve avaliar sua situação conjugal e se suportará o stress a ela inerente.

Viagens constantes de um dos cônjuges também criam stress, pois toda ausência exige que os outros se adaptem a um tipo de interação diferente (onde um está faltando). Porém, quando as viagens são bem planejadas e as tarefas que em geral são de responsabilidade de quem viaja são feitas antecipadamente, ou são conscienciosamente delegadas, quando a família entende o motivo da ausência e não há razões para se sentirem rejeitados, então, o stress gerado pelas viagens é compensado.

Viagens de férias também podem temporariamente criar stress. É interessante lembrar que *toda* a mudança gera alguma quantidade de stress. Férias necessariamente envolvem muitas mudanças, sejam elas de horário, de alimentação ou de rotina no geral. O executivo, que no trabalho está acostumado a dar ordens, a ditar normas, durante as férias pode se sentir desconfortável com o fato de que, no âmbito da família, sua posição de autoridade é dividida com a esposa e, em muitas coisas ligadas à família, a mulher está mais acostumada a ditar as normas no dia a dia. Isso pode estressar o marido, a mulher e as crianças.

Cada membro de uma família reage diferentemente quando o stress está muito alto no grupo familiar. Com frequência, a família sofre desestruturação e muitas separações ocorrem após períodos de stress excessivos ou prolongados. Não é fora do comum que crianças comecem a ter dificuldades na escola, que o casal passe a se desentender e que comportamentos indesejáveis surjam nos outros filhos. A infidelidade conjugal também ocorre às vezes em função de um stress muito grande, como se alguns momentos passados longe dos problemas familiares pudessem trazer um certo alívio para a tensão constante. Até mesmo em famílias muito unidas, o stress excessivo pode causar mudanças inesperadas.

## O stress que vem de dentro

Além das causas externas de stress já mencionadas, que são facilmente reconhecidas, existem outras causas que nem sempre são discutidas. Refiro-me a expectativas, modo de pensar, sonhos, desejos e fantasias que cada membro do grupo familiar tem com relação aos outros. Muitas vezes na mesma família temos, vivendo na mesma casa, pelo menos três gerações, e cada uma tem como o certo e o verdadeiro aquilo que aprendeu em seu tempo; desse modo é natural que as expectativas sejam diferentes. Se uma geração valoriza o sucesso profissional, a posse material e o status, ela terá para os filhos e netos a expectativa de que devam se dedicar aos estudos e trabalharem arduamente, pois para esta geração a vida é uma batalha a ser vencida. Já para outra que valorize mais o desenvolvimento pessoal, que não se importe muito em obter sucesso além da média, e que considere o objetivo maior da vida "o de ser feliz", as esperanças e exigências que colocará nos membros da família serão completamente diferentes, pois a vida neste caso é para ser "curtida" e não "vencida". Quando se tem um grupo de pessoas, unidas como uma família, vivendo expectativas e desejos tão diferentes, é comum que um estresse o outro, se não houver uma noção clara do que está acontecendo em termos de diferença de postura e planos de vida. O exemplo a seguir ilustra bem o caso de uma família estressada. É um caso de um rapaz que os pais encaminharam para terapia por estar deprimido.

## Caso ilustrativo

### A família

Marcos tem vinte anos, é o filho mais velho de uma família de ascendência árabe. Tem duas irmãs mais novas com quem se dá muito bem. Seu pai, dono de uma cadeia de lojas grandes, destinou Marcos a ser seu sucessor desde o dia do nascimento. O pai acredita que o papel do homem é ser o líder em casa, mandar, decidir e proteger. A mulher tem que ser protegida e deve ser feminina em tudo. A mãe não trabalha, tem empregadas e tudo o que quer, mas não toma decisões de importância, esperando que o marido o faça. A filha mais nova (Juliana) é dócil e mimada, obedece ao pai em tudo e é a sua favorita. A outra filha (Marina) tem 19 anos, é muito inteligente, primeira da classe e é muito assertiva.

### O problema

Marcos foi reprovado no exame vestibular duas vezes. O pai queria que ele fizesse a faculdade de administração de empresas e começasse a trabalhar com ele. Marcos não gosta de estudar e não quer ir para uma faculdade, sempre teve dificuldade de aprender coisas difíceis, preferiria fazer um curso técnico ou trabalhar simplesmente. Na terapia, Marcos disse: "não quero ser rico, não quero ser importante, quero ser 'normal', quero ser feliz, eu quero só ser 'gente'". Marina, escondida do pai, fez vestibular para a Fundação Getúlio Vargas e passou em um dos primeiros lugares. O pai está irado e não quer que ela mude para São Paulo para estudar na GV. A mãe e a irmã criticam Marina, achando que é bobagem sair de casa para estudar longe, fazer tanto sacrifício.

Todos estão infelizes naquela família estressada. A mãe estava com gastrite, o pai com hipertensão, o filho com depressão e Marina estava inconformada com a injustiça que estava sofrendo só por ser mulher.

Quando se diagnosticou que a causa de tanta discórdia na família era o conjunto de expectativas que se tinha um do outro, foi aconselhada uma terapia familiar, na certeza de que quando a fonte interna de stress - expectativas inadequadas - fosse entendida, a situação certamente melhoraria.

Em síntese, cada membro de uma família, com suas dificuldades e fontes próprias de stress pode se constituir em um estressor para os outros membros do grupo. Necessário se torna que cada um se conscientize disto, e que tome precauções para que o seu stress não seja passado para os seus familiares. O ideal é que a família dê apoio e colabore para a recuperação da pessoa estressada, porém é bom lembrar que um ser humano estressado dificilmente pode ser fonte de alívio e apoio para os outros. Assim sendo, empatia não quer dizer assumir o stress do outro, mas sim colaborar para que ele possa se recuperar. Quando alguém se sente muito estressado, imediatamente deveria procurar tomar medidas preventivas que visem proteger o restante da família do stress que ele atravessa. Isto não quer dizer se isolar ou não se comunicar com os outros, mas sim entender que é nossa a responsabilidade não deixar se generalizar para toda a família o stress que estamos tendo. A responsabilidade pela nossa saúde é indelegável e cabe a nós assumi-la tanto quanto possível.

Entender que a família, como um todo, pode estar sofrendo os efeitos do stress é fundamental, tanto no contexto da sociedade, mas também por parte de professores, empregadores e profissionais da saúde. A família estressada necessita de cuidados especiais para poder sobreviver como uma unidade funcional onde seus membros possam se adaptar aos estressores presentes. Quando a família aprende a reconhecer os sintomas de stress excessivo, quando ela sabe identificar as fontes geradoras de tensão presentes em sua vida e adquire técnicas do manejo do stress, ela pode, sem dúvida, vir a aprender também a utilizar a força energética gerada pelo stress para benefício dela e de seus membros individualmente.

## Referências bibliográficas

HOLMES, T. H.; RAHE, R. H. The social readjustment rating scale. *Journal of Psychosomatic Research*, 11, 213-28, 1967
LIPP, M. N. et al. *Como enfrentar o stress infantil*. 4 ed. São Paulo: Ícone, 1991.
LIPP, M. N. et al. *Como enfrentar o stress*. 4 ed. São Paulo: Ícone, 1993.

*Fácil para os outros, difícil para mim... por quê?*

# FÁCIL PARA OS OUTROS, DIFÍCIL PARA MIM... POR QUÊ?

*Marilda Emmanuel Novaes Lipp*

Na minha frente se encontrava uma mulher bonita e elegante, obviamente inteligente e claramente desiludida com ela mesma. "Por que as coisas são tão fáceis para os outros e tão difíceis para mim?" Cristiane, que possui um diagnóstico de depressão, sofre também de herpes simplex e tem apresentado queda de cabelos. Ela me questionou mais como uma reflexão para si mesma do que propriamente uma pergunta. Eu já tinha ouvido a mesma questão por parte dela muitas vezes, sempre que não conseguia lidar com determinados eventos do dia a dia como a maioria das pessoas parece poder fazê-lo. Aliás, essa não é uma questão incomum na clínica psicológica. Todo psicólogo talvez a ouça muitas e muitas vezes durante sua semana de trabalho.

Realmente, há pessoas para quem a vida não se desenvolve com a mesma facilidade com a qual outras parecem viver. Ou ficam ansiosas demais, ou tem muito medo, medo este que vai além do que a situação exigiria, ou se frustram com tal intensidade que não conseguem ir para frente, fixadas no mesmo conflito. Muitas delas sistematicamente se confrontam com situações que acreditam não conseguir resolver.

A ansiedade pode ser uma fonte poderosa de stress porque o ser humano ansioso possui a tendência a ver o mundo de modo ameaçador, como se houvesse sempre um risco das coisas não darem certo. De modo que aquilo que para as outras pessoas representaria somente um desafio, para quem tem ansiedade parece uma batalha muito grande. Porque percebem os desafios como gigantescos, logicamente se estressam mais.

Há situações também nas quais a pessoa se frustra com tanta intensidade ante o não preenchimento de suas expectativas, que muitas vezes se esquiva de tentar se envolver com outras pessoas ou competir no mercado de trabalho para não se frustrar pois para ela a frustração parece algo "horrível" e "absolutamente insuportável". Outras pessoas sensíveis à frustração criam stress constante para si mesmas todas as vezes em que algo não sai do modo como anteciparam. A vulnerabilidade à frustração é uma das características mais presentes nas centenas de casos de stress que o Centro Psicológico de Controle do Stress tem atendido no decorrer dos anos.

Temos visto adicionalmente casos de pessoas que se estressam porque não conseguem se ligar afetivamente com outra; para elas, o relacionamento interpessoal é tedioso e não oferece preenchimento, buscam sempre algo novo, mais excitante, só que o relacionamento que parecia tão estimulante no início vai se tornando também tedioso e a pessoa passa a procurar algo mais. Algo que nunca vai encontrar. A busca não preenchida é estressante.

Há ainda o tipo de indivíduo que está sempre procurando a aprovação nas ligações interpessoais. Buscam o reconhecimento, a admiração e a aceitação de outros como se isto fosse absolutamente fundamental para a sua existência. Quando não conseguem o que buscam, o stress pode se desenvolver. Como o que cria stress é interno, muitas vezes o stress não é diagnosticado porque as fontes que possam justificá-lo não são identificadas.

Essas pessoas, em geral, tiveram problemas de lidar com a vida desde pequenas, mas na maioria das vezes a dificuldade não foi percebida ou não recebeu atenção suficiente quando elas eram crianças. Devido às dificuldades que encontraram a vida toda para lidar com certas situações, acabam tendo uma autoestima rebaixada e adquirem um modo de pensar que sempre prevê o insucesso.

A situação de Paulo é exemplo de stress autoproduzido que ocorre com frequência. Gerente de uma grande empresa, é competente e capaz, rápido em suas decisões e em seus movimentos. Engaja-se em dois ou mais projetos ao mesmo tempo. Nunca está parado descansando. É agitado e agita todos ao seu redor. Ele também diz "por que é tão fácil para os outros dizerem não, não aceitarem certas responsabilidades, e para mim é tão difícil?". Apesar do seu sucesso profissional, tem dificuldades de ter amigos, sua esposa e filhos reclamam que quase não têm muito contato diário com ele porque, como ele diz, "não dá tempo". Embora não queira admitir que precise de ajuda, o exame médico de Paulo revelou que está hipertenso, que tem problema de retração de gengiva e apresenta um pouco de gastrite. Mas tudo isso ele acha que não é nada, pensa consigo mesmo que qualquer dia vai marcar um horário com um especialista. Paulo, às vezes, tem taquicardia e sente ansiedade quando vê que os funcionários têm dificuldade de atender aos prazos que estabeleceu. Nessas situações acaba explodindo e demonstrando o seu desagrado de modo que chega a ser um pouco hostil. A tensão muscular é muito grande e anda, sem perceber, com os ombros levantados colocando mais tensão ainda na nuca. Todos esses sintomas são típicos de uma situação de stress patogênico, um stress excessivo, possível gerador de doenças. No caso de Paulo, não existe o medo de não conseguir lidar com a vida. A dificuldade primordial, e igualmente grave, é não conseguir desligar das preocupações do trabalho, é não conseguir parar e não estabelecer elos afetivos profundos e satisfatórios. Paulo tem aspectos mecanicistas. É uma excelente máquina do trabalho empresarial, a qual rende lucro para a empresa, lhe traz sucesso, dinheiro e respeitabilidade. *Só falta ser feliz e permanecer vivo.*

## A origem do problema

Vejamos primeiro o caso de Paulo, ele mostra todas as características do que dois cardiologistas americanos (Rosenman e Friedman) designaram de tipo A de comportamento, que é bem descrito e analisado pela doutora Malagris em um capítulo deste livro. Pessoas deste tipo são muito rápidas, empreendedoras, pensam em várias coisas ao mesmo tempo, atuam em vários projetos simultaneamente e possuem, de acordo com Everly, uma sensibilidade exagerada ante demandas psicossociais.* A causa dessa reação magnificada é a hipersensibilidade do sistema neurológico e leva à produção excessiva das substâncias catecolaminas, testosterona e cortisol. Quando essas substâncias são produzidas com muita frequência e em excesso em relação à necessidade do organismo, o risco coronariano é aumentado. O desenvolvimento da hipertensão de Paulo talvez seja o resultado dessa ativação constante do sistema cardiovascular. É possível que ele venha a ter algum problema cardíaco no futuro.

Em ambos os casos citados, tanto Cristiane como Paulo criam seu próprio stress. Não é a vida ou seus eventos difíceis que os fazem ter problemas. Ambos podem ter tido experiências de infância que os moldaram assim. Porém, é também possível que características genéticas ou congênitas os predisponham a ter stress. O mais provável é que tenham nascido

---

\* O conceito engloba uma hiper-reatividade fisiológica causada por uma hipersensibilidade do sistema límbico.

com o que o especialista em stress americano, George Everly, chama de diátese de personalidade. Esse termo se refere a uma suscetibilidade genética para ter stress devido a características de personalidade com as quais a pessoa nasceu. Seria uma *predisposição genética* para se estressar. A diátese de personalidade inclui distorções cognitivas, isto é um modo inadequado de pensar e avaliar os eventos da vida, expectativas ilógicas e exageradas, vulnerabilidades pessoais e comportamentos eliciadores de stress.

Uma pesquisa que realizamos na PUC Campinas procurou averiguar se as vulnerabilidades ao stress são aprendidas ou são parte da herança genética do indivíduo. Para isso, utilizamos 48 pares de irmãos adultos que cresceram juntos, sendo 16 pares de não gêmeos, 16 pares de gêmeos idênticos e 16 de gêmeos fraternos. Idênticos, são aqueles em que o óvulo materno se separou em dois, portanto, as crianças possuem exatamente o mesmo código genético, enquanto que fraternos, são aqueles em que na gravidez dois óvulos foram fecundados, os gêmeos não são exatamente iguais, como dois irmãos comuns. O que procurávamos eram pontos em comum entre os irmãos em termos de vulnerabilidades. Descobriu-se que os gêmeos idênticos eram muito mais parecidos nas características do comportamento do tipo A (urgência de tempo, fazer duas ou mais coisas ao mesmo tempo, competitividade) do que os outros irmãos, mesmo os outros gêmeos criados do mesmo modo. Esse dado nos leva a crer que realmente a tendência a ter o conjunto de comportamentos envolvidos na personalidade do tipo A é, pelo menos até certo ponto, geneticamente determinada.

Não se pode menosprezar o também papel do meio ambiente na determinação desses traços. Percebemos nas entrevistas com os participantes do estudo que os indivíduos do tipo A tinham pais que lhes incentivaram ao sucesso desde crianças. Em geral a ênfase era para que eles aprendessem rápido, tiras sem ótimas notas e sempre desempenhassem qualquer tarefa de modo rápido e bem feito. Os pais exigiam o sucesso, o "fazer bem". Os que não eram tipo A tiveram uma infância em que o "ser" era mais valorizado do que o "fazer", uma infância sem tantas exigências e pressões. Dois irmãos, criados pelos mesmos pais, podem sofrer pressões diferentes quanto ao desempenho desde a infância. Isto ocorre porque os pais têm seus sonhos e fantasias com relação a cada filho. Muitos têm papéis que gostariam de ter desempenhado e almejam que os filhos os realizem. Por exemplo, um pai que sempre quis ser um sucesso na escola e nunca conseguiu, pode almejar profundamente ter um filho que o seja.

Quando nasce o primeiro filho, ele pode inconscientemente procurar criar neste filho a motivação para o estudo que ele não teve. Quando o segundo filho nasce, como o irmão mais velho já foi destinado ao estudo, o pai talvez não se preocupe tanto com esse aspecto, pois já teve seu sonho realizado e pode, sem pretender fazê-lo, tender a valorizar outro aspecto não preenchido em sua vida, por exemplo, ser muito bom em esportes. Os dois irmãos muito provavelmente serão bem diferentes nas atividades que irão desenvolver. Acontece também que, muitas vezes, os momentos na vida da mesma família são diferentes devido a circunstâncias momentâneas. Deste modo, um casal que esteja passando por dificuldades financeiras, ou interpessoais, pode passar para o filho recém-nascido uma dose maior de ansiedade do que passou ou passará para os outros filhos que não tenham nascido ou vieram a nascer em épocas mais tranquilas. Sem contar que os filhos que não são gêmeos nascem em épocas diferentes, de modo que a idade dos pais, seu nível de realização pessoal, sua batalha pela conquista de sucesso do momento afeta a cada um diferentemente.

Acreditamos que não basta a pessoa nascer com a predisposição de desenvolver comportamentos específicos, como os do tipo A, ou com uma sensibilidade exagerada do sistema neurológico para vir a ser como o Paulo. É preciso, além de nascer com a predisposição de ser mais vulnerável ao stress*, que o meio ambiente propicie experiências de vida na infância que forneçam a oportunidade para essas características pessoais se desenvolvam. Se a pessoa nasce com uma predisposição genética, mas o ambiente não facilita ou valoriza o desenvolvimento de competitividade, pressa e busca constante do sucesso, a pessoa provavelmente não será do tipo A, ou pelo menos não apresentará estas características com tanta intensidade como Paulo. Por outro lado, mesmo que a pessoa não nasça com essa predisposição, se o meio ambiente a incentivar no sentido de ser tipo A, a pessoa poderá vir a sê-lo em parte. Em nossa experiência clínica, esses são os casos que mais precisam de ajuda psicológica especializada em stress para resgatarem sua predisposição original pois, quando existe essa aquisição forçada de comportamentos, a hipersensibilidade fisiológica ligada a comportamentos do tipo A é adquirida e é quando a pessoa mais se estressa, pois além de tudo está adotando comportamentos contrários a sua natureza.

---

* Trata-se aqui de uma diátese de personalidade.

## Tendência crônica para se estressar

No tratamento do stress, é fundamental compreender qual o tipo de pessoa que está mais sujeita a ter stress, a fim de se poder trabalhar a causa da dificuldade; por isso é importante refletir profundamente sobre o que chamamos de tendência a se estressar.

A tendência para se estressar se constitui em um quadro que inclui distorções cognitivas, isto é, um modo inadequado de pensar e avaliar os eventos da vida, expectativas ilógicas e exageradas, vulnerabilidades pessoais e comportamentos observáveis eliciadores de stress. Inclui também uma reação fisiológica amplificada ante as demandas psicossociais, que pode ser gerada por uma hipersensibilidade do sistema neurológico, e conduz a produção excessiva de substâncias como catecolaminas, testosterona e cortisol, como já dissemos.

Algumas pessoas parecem ter uma tendência crônica para se estressar. Essa propensão, pelo que temos visto em clínica e em pesquisas, é algumas vezes o produto das predisposições genéticas que pouco tem a ver com o mundo exterior e que surgem frequentemente em função do modo da pessoa ser. Como o caso da pessoa que sofre de depressão ou ansiedade biológica. Outras vezes ela advém de eventos da história de vida que ativa a tendência a se estressar e leva o ser humano ao stress patogênico.

O stress não ocorre, no entanto, só em pessoas que têm essa tendência. Existem muitos casos graves de stress causados por situações que seriam estressantes para todos, como guerra, sequestro, fome, assalto, sobrecarga de trabalho, perdas sérias, ocupações, conflitos interpessoais, mudanças de grande porte, entre outros. Todo ser humano, nasça ele com a predisposição para se estressar ou não, tem o seu limite para suportar tensões e dificuldades. Quando a carga estressante ultrapassa o limite da pessoa, com ou sem predisposição genética ou constitucional, ela pode vir a ter stress. Temos, na realidade, verificado um dado interessante entre pessoas estressadas. De todo modo, quando se trata terapeuticamente do stress de alguém é importante compreender qual o tipo de pessoa que estamos tratando e não tratar somente o stress que ela tem.

Existe uma relação absolutamente perfeita entre o corpo e a mente no que se refere ao stress; durante episódios de stress emocional o "eu" físico responde em uníssono com a emoção. Kobasa, uma pesquisadora americana, notou que as pessoas mais resistentes ao stress são aquelas que têm envolvimento com algo que para elas é muito relevante, que são abertas para mudanças e que sentem que tem controle sobre suas vidas. Isso vem de encontro ao que, há alguns anos, um cientista chamado Engel sugeriu: quando a pessoa sente que não tem controle da situação ou que não conseguirá lidar com um evento, a mobilização das defesas do organismo ocorre. Se essa mobilização ocorre repetidamente, poderá levar a doenças. Vê-se, assim, que há uma interação extremamente, importante entre o *pensar "não sei se consigo ter controle sobre isto"* ou *"será que vou conseguir?"*; o *sentir: "angústia, medo, ansiedade"*; e a *"reação física":"taquicardia, sudorese, aumento de pressão"*. Quando se entende bem essa interação tríplice, é possível controlar o sentimento e a reação física mudando o pensamento que deu origem aos mesmos.

## As vulnerabilidades

São inúmeras as vulnerabilidades com as quais a pessoa pode ter que lidar durante a vida. Como já vimos, algumas parecem ser parte da constituição genética de algumas pessoas, outras parecem ser adquiridas e há ainda outras que são o produto da predisposição genética, do que se chama de diátese constitucional, interagindo com práticas parentais menos do que ideais. Independente da causa, é sempre possível aliviar sua intensidade e criar no ser humano uma resistência ao stress emocional. A resistência ao stress, que, por outro lado, pode já ser parte da pessoa ao nascer, também é passível de ser aprendida por meio da aquisição de técnicas de manejo do stress. No quadro a seguir ilustramos 12 das vulnerabilidades que nos 14 anos de funcionamento do Centro Psicológico de Controle do Stress identificamos em nossos pacientes estressados. Cada uma delas funciona como uma fábrica interna e constante de stress emocional porque, fazendo parte do próprio "eu", acompanha a pessoa no dia a dia e tem o poder de criar mais stress do que a maioria das fontes externas que só ocorrem em certas ocasiões. Às vezes me perguntam qual dessas vulnerabilidades é a que traz mais problemas; na minha experiência, qualquer uma delas, se for muito intensa ou frequente pode criar um nível significante de stress. É necessário lembrar que todos nós, em algum momento de nossas vidas, podemos nos sentir depressivos, ansiosos, negativista etc., sem contudo possuir uma verdadeira "vulnerabilidade" como vamos descrever. O que determina se a pessoa tem a vulnerabilidade ou se só está momentaneamente apresentando aquele modo de ser é a frequência e a intensidade com que ocorre. Alguém que sempre seja pessimista poderá ter a vulnerabilidade ao stress devido ao seu negativismo, enquanto que outra pessoa, por já ter tido uma desilusão na área, pode se apresentar negativista quanto a uma determinada situação, mas não ter a vulnerabilidade. Ela poderia simplesmente estar avaliando a situação de modo prático. Se qualquer das vulnerabilidades descritas no quadro ocorre de vez em quando, não se pode dizer que a pessoa tenha a vulnerabilidade.

---

**Vulnerabilidades humanas e suas verbalizações típicas que causam stress**

*Vulnerabilidade 1: frustração*
"Não suporto quando as coisas não saem do jeito que antecipei."
"Se não for deste jeito, não quero."
"Prefiro não ir se não for onde escolhi."

*Vulnerabilidade 2: pressa*
"Não me faça perder tempo."
"É um desaforo me fazer esperar deste jeito."
"Quando eu me atraso, fico extremamente irritado."

*Vulnerabilidade 3: solidão*
"Não aguento ficar o fim de semana sem ver os amigos [namorado/a etc.]."
"Tenho angústia de ficar só em casa."
"Só vou para casa depois que minha mulher chegar em casa."

*Vulnerabilidade 4: tédio*
"Todo relacionamento que tenho fica chato depois de algum tempo."
"Gosto do agito, de adrenalina, não gosto de repetir programas."
"Não gosto de coisas monótonas, repetitivas, me dão nervoso."

*Vulnerabilidade 5: sobrecarga de trabalho*
"Quando tenho muitos projetos para fazer fico até desnorteado."
"Não consigo trabalhar bem se sei que tenho uma pilha de coisas para fazer."
"Trabalhar todo dia até tarde sem descanso? De jeito algum, não aguento."

*Vulnerabilidade 6: ansiedade*
"Na véspera de algo importante, já fico com muita angústia, mesmo que saiba o que fazer."
"Sempre que vou fazer algo novo ou conhecer gente nova me dá uma confusão na cabeça e demoro para me situar."

*Vulnerabilidade 7: depressão*
"Me dá desânimo pensar em enfrentar certas coisas, pois sei que minha energia é pouca."
"Para que batalhar tanto se nada tem graça?"

*Vulnerabilidade 8: raiva*
"Vivo à mercê de qualquer um que me irrite, pois fico com muita raiva e perco o controle."
"Não gosto de ter muito contato com gente pois sei que vão fazer algo que me dará raiva."

*Vulnerabilidade 9: pensamentos distorcidos*
"Todo mundo quer tirar vantagem de todos, por isto não se pode confiar em ninguém."
"Quem teve infância ruim nunca vai ser feliz."
"Essa pessoa nasceu neste estado? É malandro."

*Vulnerabilidade 10: perfeccionismo*
"Tenho certeza de que vou encontrar erros neste relatório, faça de novo antes de eu ler."
"Tenho que olhar tudo, pois ninguém aqui faz nada direito."
"Não dá para tirar férias, não confio em ninguém para fazer meu trabalho."

*Vulnerabilidade 11: aprovação*
"Tenho que fazer tudo certinho pois o que vão pensar de mim?"
"Precisei ficar até tarde trabalhando pois meu chefe ia ficar chateado se soubesse que tinha que ir ao dentista logo depois do trabalho."

*Vulnerabilidade 12: negativismo*
"Cuidado, esse namoro pode não dar certo."
"A laranja está bonita, mas deve estar azeda."

## É possível reduzir ou eliminar uma vulnerabilidade?

As vulnerabilidades mencionadas diferem em sua natureza mas têm em comum um veículo que as leva do estado latente no qual existem, dentro do ser humano, para o pico do stress e para a ação prejudicada: o pensamento.

Mesmo no caso da depressão endógena, isto é, aquela que tem uma base biológica, o pensamento cria dificuldades e se torna o meio pelo qual essa vulnerabilidade encontra expressão. De modo algum se pretende minimizar a gravidade da apatia, do desânimo, da tristeza e da angústia que fazem parte do quadro depressivo. Nem queremos diminuir a importância dos fatores orgânicos envolvidos. Sabemos, no entanto, que quando se consegue mudar o modo de pensar de quem está neste estado, o tratamento farmacológico da depressão tem mais chances de dar certo. O mesmo pode ser dito da ansiedade genética.

A mudança de pensamento tem na área da psicologia o nome de "reestruturação cognitiva", pois objetiva mudar, reformular as cognições que possam estar criando dificuldades. A dra. Adriana Batista de Alcino, em capítulo deste livro, explica em detalhes como proceder para mudar o modo de pensar inadequado. No entanto, é importante saber que nem todas as vulnerabilidades vão deixar de existir porque se mudou as cognições nelas envolvidas. Se a vulnerabilidade que a pessoa apresenta foi adquirida durante a sua história de vida, como uma tendência a ver o mundo de modo amedrontador, típico do quadro de ansiedade, então quando se muda o modo de pensar, ela pode ser eliminada completamente. Porém, se a vulnerabilidade for geneticamente determinada, como uma depressão de base biológica, o que se consegue é um melhor manejo da mesma, ainda que para tratá-la seja necessário recorrer ao uso de medicação.

Na área do stress, temos percebido que a maioria das vulnerabilidades são adquiridas por meio de práticas parentais que não favoreceram o desenvolvimento de resistência ao stress, mas mesmo aquelas que fazem parte de uma diátese constitucional - ou seja, de uma predisposição genética - ficam menos pronunciadas quando se fortalece o indivíduo por meio da aquisição de estratégias de enfrentamento.

Tendo em vista que pelo menos parte das vulnerabilidades pode ter sido aprendida e considerando que tudo o que é aprendido pode ser modificado, reinterpretado ou aprendido de novo com uma nova configuração e significado, então há de se concluir que é possível sim pelo menos aliviar, e muitas vezes *eliminar completamente*, as vulnerabilidades do ser humano.

### Como reduzir as vulnerabilidades?

Como exposto neste capítulo, as vulnerabilidades humanas podem ser divididas em duas categorias: a vulnerabilidade fisiológica e a psicológica. A primeira se refere a uma hiper-reatividade fisiológica ante aos desafios do dia a dia causada por uma hipersensibilidade do sistema neurológico que leva a uma produção dos hormônios do stress. A segunda seria uma predisposição para pensar, sentir e agir de modo estressante. Entendendo a sua origem, é mais fácil determinar quais atitudes tomar para minimizar os seus efeitos.

*Como reduzir a vulnerabilidade orgânica?*

A vulnerabilidade presente se manifesta em uma situação de tensão mental ou física, de irritabilidade, de hostilidade e a pessoa se sente sempre em ponto de reagir de modo excessivo ante os desafios da vida. Pessoas com esta vulnerabilidade perdem a paciência com qualquer provocação, são impulsivas, se magoam com muita frequência e intensidade. Para elas o mundo é uma perpétua batalha e elas estão sempre prontas para reagir. "Estou à mercê de qualquer um que resolva me provocar", me disse uma vez um paciente assim. Nesses casos, medidas de redução da excitabilidade orgânica são recomendadas, tais como exercícios de respiração profunda, relaxamento físico, exercícios de alongamento e todas as atividades que possam diminuir a atividade neurológica excessiva, como ler livros de fácil compreensão, assistir televisão, olhar a natureza etc. Em casos de excessiva excitabilidade é aconselhável consultar um neurologista, além de obter um tratamento psicológico especializado em stress a fim de se proteger do possível desenvolvimento de uma doença oriunda da ativação constante de um determinado órgão, como o coração.

*Como reduzir a vulnerabilidade psicológica?*

Temos percebido que a vulnerabilidade à frustração parece ser uma das mais presentes dos quadros de stress. Em geral, a frustração ocorre quando a pessoa tem um forte objetivo, desejo ou sonho impedido de se realizar. Para reduzir o stress oriundo da frustração, primeiro é necessário que a pessoa se disponha a enfrentar um certo desconforto em não ter todas as suas vontades satisfeitas. Se isso for desejável, então, a seguir a pessoa deve em cada situação se perguntar o que realmente quer obter. Chama-se isso de "identificação precisa do desejo". Não se deve dizer vagamente "quero ficar feliz no trabalho", isto é muito vago, seria melhor pensar: "quero obter uma promoção ou um determinado cargo a fim de me sentir mais competente". Após a identificação precisa do que se almeja, deve-se, então tentar verificar se o que deseja pode ser obtido por outros meios. Para tal, aconselha-se listar as várias maneiras pelas quais se poderia obter o desejo que se tem. Nesse momento não critique as possibilidades nem as rotule como impossível. Simplesmente faça uma lista do que, na sua opinião, poderia ser eficaz para a obtenção de sua meta. Quanto mais ideias tiver, melhor. Essa fase se chama de "tempestade de ideias". A seguir devem-se verificar quais das ideias seriam mais adequadas de se implementar; essa é a fase de "escolha da solução". O passo seguinte necessariamente envolve a implementação de medidas que aproximem a meta. Ao fazer a lista das possíveis soluções, caso descubra que seu objetivo é praticamente inatingível, pare e faça uma lista de metas alternativas que poderiam lhe trazer a satisfação que almeja. Por exemplo, no caso poderia se questionar sobre que outras coisas te fariam sentir-se competente e reconhecido, mesmo que não obtenha uma promoção, pois esta estaria fora do seu alcance no momento. É muito parecido com o caso de alguém que pede uma torta de limão no restaurante e é informado de que essa sobremesa não está disponível. A pessoa pode (1) recusar outra sobremesa e se sentir frustrada; (2) pedir sorvete e continuar frustrada porque queria uma torta; (3) pedir torta de abacaxi e se sentir frustrada porque queria algo com limão; ou (4) analisar primeiro o que realmente desejava. Era o gosto do limão ou era a consistência da torta? Nesse caso, a pessoa pediria uma outra sobremesa que mais se aproximasse do seu desejo e não se sentiria tão frustrada.

Nos casos em que não haja coisa alguma que possa substituir, no momento, o que se deseja, é possível que a pessoa esteja sendo um pouco intransigente, pois isto é raro de acontecer. Em geral, há uma alternativa que embora não exatamente igual, traz satisfações que se aproximam daquela que se desejava. Quando isto é impossível, ainda resta o recurso da pessoa utilizar a técnica de redução do leque de expectativas, que se refere a esperar menos das coisas, das pessoas e da vida. Quando se espera menos, a pessoa se frustra menos. Isso não quer dizer que se deva reduzir ambições e metas, ao contrário, porém pode-se continuar a buscar entendendo que nem sempre se consegue tudo o que se deseja do modo perfeito.

## Conclusão

Em síntese, algumas pessoas nascem mais resistentes ao stress, outras nascem com certas vulnerabilidades que, por natureza, já as levam a um nível de stress mais alto e frequente. Certas famílias conseguem, por meio de práticas parentais apropriadas, e de modo muito natural, fortalecer as potencialidades das crianças e com isso minimizam as vulnerabilidades com as quais tenham nascido. Esses serão os adultos mais resistentes. Outras famílias, menos afortunadas, deixam de ensinar aos filhos as técnicas de manejo do stress ou, em situações ainda menos favoráveis, ensinam direta ou indiretamente, estratégias ineficazes ou negativas para a administração do stress. Se a constituição da criança não contém vulnerabilidades maiores, ela poderá, assim mesmo, lidar bem com as tensões. Se, porém, as vulnerabilidades existirem e a criança encontrar um ambiente desfavorável à aquisição destas estratégias de enfrentamento, certamente, ela se tornará um adulto fragilizado ante o stress. Mesmo nesses casos, e em qualquer idade, a pessoa pode desenvolver as estratégias necessárias e mais ainda, ela pode se fortalecer, por meio de um tratamento psicológico especializado em stress, para vir a ser um ser humano resistente cuja qualidade de vida venha refletir essa mudança.

A compreensão do que é uma vulnerabilidade ao stress leva a pessoa a entender porque algumas coisas são "tão fáceis para uns e tão difíceis para outros". Certamente essa compreensão, aliada a uma psicoterapia especializada no controle do stress, ajudou tanto Cristiane quanto Paulo a controlarem o seu stress e a terem uma vida bem mais tranquila e preenchida do que tinham antes. A aprendizagem do manejo do stress é acessível e ajuda a todos independentemente da idade, sexo ou condição socioeconômica.

Uma palavra final: nem todo mundo que tem stress apresenta as vulnerabilidades mencionadas aqui. As demandas da vida podem às vezes atingir tal nível de tensão que as pessoas mais resistentes podem vir a ter stress. Nesses casos, o tratamento psicológico especializado em stress ajudará a pessoa a identificar seus estressores e a lidar com eles de modo adequado e rápido.

## Referência bibliográfica

LIPP, M. N. (Org.) *Relaxamento para todos: controle o seu stress.* Campinas: Papirus, 1998.

# OS AUTORES

**Marilda Emmanuel Novaes Lipp**
PhD em Psicologia, concluiu seu doutorado na George Washington University e o pós-doutorado no National Institute of Health. É professora titular do programa de pós-graduação em Psicologia da PUC Campinas, onde coordena o Laboratório de Estudos Psicofisiológicos do Stress e é editora-chefe da *Revista Estudos de Psicologia*. Presidente da Associação Brasileira de Stress, é diretora do Instituto de Psicologia e Controle do Stress e membro da Academia Paulista de Psicologia. É autora e coautora de diversos livros e artigos sobre stress, pioneiros no Brasil (entre os quais *O stress*, publicado pela Editora Contexto).

**Lucia Emmanuel Novaes Malagris**
Psicóloga, formada em 1978 pela Universidade Federal do Rio de Janeiro (UFRJ) - onde é docente - e mestre em Psicologia Clínica Comportamental pela PUC Campinas. Lecionou também na Universidade do Estado do Rio de Janeiro (UERJ) e no curso de pós-graduação de especialização em Psicologia da Saúde na PUC Campinas. É diretora técnica do Centro Psicológico de Controle do Stress, proferindo palestras em todo o Brasil. Coautora do livro *O stress* e autora de capítulos do livro *Relaxamento para todos: controle o seu stress*, e de vários artigos publicados na área.

**Adriana Batista de Alcino**
É psicóloga formada há sete anos com mestrado pela PUC Campinas, atua em clínica com adultos no controle de stress e terapia comportamental-cognitiva. É coautora de dois livros e vários artigos na área do stress. Foi professora da PUC Campinas e atualmente ministra curso de formação no Instituto Pieron de Psicologia Aplicada. Realiza frequentemente cursos

e palestras em empresas. Participa como colaboradora de pesquisas no Laboratório de Estudos Psicofisiológicos do Stress.

**Angela M. B. Biaggio**
Psicóloga; PhD pela Universidade de Wisconsin; professora titular da Universidade Federal do Rio Grande do Sul; pesquisadora I-A do Conselho Nacional de Pesquisas. Ex-presidente da Sociedade Interamericana de Psicologia. Autora, entre outros trabalhos, das adaptações para o Brasil do *Inventário de Ansiedade Traço-Estado* (IDATE) editado pelo CEPA, e do *Inventário de Expressão de Raiva Estado-Traço* (STAXI) editado pela VETOR, de C. D. Spielberger.

**Suely Sales Guimarães**
Psicóloga, doutora em psicologia pela University of Kansas, nos Estados Unidos, professora de pós-graduação e coordenadora do Laboratório de Estudos do Desenvolvimento em Condições Adversas (LADVERSA) do Instituto de Psicologia da Universidade de Brasília. Pesquisadora do CNPq e FAP-DF na área de Psicologia Clínica da Saúde.

**Eliana Aparecida Torrezan da Silva**
Doutora em Psicologia, defendeu sua tese na área do stress e suas implicações para a gestante e o bebê na PUC Campinas, onde também obteve o grau de mestre em Psicologia Clínica. É pesquisadora do Laboratório de Estudos Psicofisiológicos do Stress e psicóloga clínica atuando no Centro Psicológico de Controle do Stress de Campinas e São Paulo.

**Eliane Falcone**
Doutora em psicologia clínica pela Universidade de São Paulo, professora adjunta do Instituto de Psicologia da UERJ e supervisora de estágio em psicologia clínica no Serviço de Psicologia Aplicada, além de terapeuta cognitivo-comportamental.

**João Ilo Coelho Barbosa**
Professor-assistente do Departamento de Psicologia da Universidade Federal do Ceará, graduado pela PUC Campinas e mestre em Psicologia

Clínica pela USP (1992). Atua ainda como psicólogo clínico desenvolvendo o Protea - Programa de Tratamento do Estresse e Ansiedade.

### Valquíria A. C. Tricoli
Psicóloga, mestre em psicologia clínica e aluna do curso de doutorado da PUC Campinas, especialista em Terapia Comportamental, docente do Instituto Pieron. É coautora da cartilha *Dicas para o combate do stress infantil na casa e na escola*.

### Márcia M. Bignotto
Psicóloga clínica formada pela PUC Campinas com mestrado em psicologia clínica na área do stress infantil. É especialista no atendimento do stress infantil no Centro Psicológico de Controle do Stress e colaboradora de pesquisa no Laboratório de Estudos Psicofisiológicos do Stress na PUC Campinas.

### Norma Sant'Ana Zakir
Psicóloga clínica, especialista e mestre em psicologia. É doutoranda em psicologia na PUC Campinas, além de coordenar o curso de especialização em Psicoterapia na Análise do Comportamento, da Universidade de Londrina, onde é docente.

### Andréia Eloisa de Camargo Bolfer Nacarato
Mestre em psicologia pela PUC Campinas, professora da UniSantos e psicóloga clínica, tendo defendido dissertação de mestrado sobre o stress no idoso e os efeitos diferenciais da ocupação profissional na terceira idade.

### Maria do Sacramento Tanganelli
Psicóloga desde 1976, mestre e doutoranda em psicologia pela PUC Campinas. Faz parte da equipe do Centro Psicológico de Controle do Stress. Realiza palestras para escolas, empresas e instituições. Ministra cursos sobre stress e outros temas e desenvolveu várias pesquisas sobre stress apresentadas em diversos congressos. Escreve artigos para jornais e revistas tratando do stress e outros temas relacionados com o desempenho humano.

# CADASTRE-SE
## EM NOSSO SITE,
## FIQUE POR DENTRO DAS NOVIDADES
## E APROVEITE OS MELHORES DESCONTOS

---

LIVROS NAS ÁREAS DE:

História | Língua Portuguesa
Educação | Geografia | Comunicação
Relações Internacionais | Ciências Sociais
Formação de professor | Interesse geral

ou
editoracontexto.com.br/newscontexto

Siga a Contexto
nas Redes Sociais:
@editoracontexto